Harriet Schechter

# Entrümpeln Sie Ihr Leben!

*Für meine Schwester Janet*
*und meinen Bruder Stuart*

Harriet Schechter

# Entrümpeln Sie Ihr Leben!

So befreien Sie sich von Andenken,
Altlasten und anderem Ballast

Aus dem Amerikanischen
übersetzt von Christiana Haack

mvg Verlag

**Bibliografische Information Der Deutschen Bibliothek**
Die Deutsche Bibliothek verzeichnet diese Publikation in der Deutschen Nationalbibliografie; detaillierte bibliografische Daten sind im Internet über http://dnb.ddb.de abrufbar

3. Auflage Januar 2003
2. Auflage August 2002 erschienen unter ISBN 3-478-08328-1
1. Auflage März 2002


Titel der amerikanischen Originalausgabe: „Let Go of Clutter"
Aus dem Amerikanischen übersetzt von Christiana Haack.



Umschlaggestaltung: Atelier Seidel, Altötting
Illustrationen: Bella Silverstein
Satz: abc.Mediaservice GmbH, Buchloe
Druck- und Bindearbeiten: Ebner & Spiegel, Ulm
Printed in Germany 08344/010301
ISBN 3-478-08344-3

# Inhaltsverzeichnis

# Danksagung

Dankbarkeit gehört zu den Dingen, von denen wir uns niemals trennen und die wir immer anhäufen sollten. Ich empfinde unendliche Dankbarkeit für die Hilfe, die Unterstützung und das Wohlwollen all der wunderbaren Menschen, die mir bei der Veröffentlichung dieses Buches geholfen haben.

Zuerst einmal erwies sich das Team des Verlags McGraw-Hill als herausragend. Betsy Brown gebührt besonderer Dank, weil sie als Erste vorschlug, dass ich ein auf meinen Workshops basierendes Buch schreiben solle. Ich danke Ihnen, Betsy Brown, für Ihre Vision, Ausdauer, Geduld und Ihre Vorschläge und alles, was Sie unternahmen, um *Entrümpeln Sie Ihr Leben!* Wirklichkeit werden zu lassen. Richard Narramore machte da weiter, wo Betsy Brown aufhörte, und seine Fähigkeit, die anscheinend endlosen herausgeberischen Details elegant und effizient zu bewältigen, ist beispielhaft. Dank also an Richard Narramore für das Vergnügen, mit ihm zusammenzuarbeiten. Andere Teammitglieder, denen gesonderte Erwähnung gebührt, sind Art Director Eileen Kramer, die den schönen Umschlag entwarf, die Lektorinnen Patricia Amoroso und Frances Koblin und last, not least Philip Ruppel, der diesem Projekt grünes Licht gab.

Dies ist mein zweites Buch mit Bella Silverstein, durch deren Illustrationen diese Seiten so lebendig wurden. Wirkliche Hingabe an den Beruf zeigt sich darin, dass man tolle Arbeit macht, und zwar innerhalb eines bestimmten Zeit- und Budgetrahmens, ganz egal, welche Hindernisse auftauchen. Bella, wenn ich ein Bild eines Menschen zeichnen könnte, der ganz in seiner Arbeit aufgeht und sich ihr hingibt, würde es Sie zeigen. Herzlichen Dank für Ihre wunderbaren Fähigkeiten, Ihre fröhliche Einstellung und Ihre beispielhafte Arbeitsethik.

Ich habe das große Glück, meinen eigenen Miracle Worker, Marcia Richardson, zu haben, ohne die ich nicht viel zustande brächte und ohne die es auch nicht so viel Spaß machen würde. Sie teilte mit mir die Schmerzen und die Begeisterung beim Verfassen dreier Bücher, und es ist ihr gelungen, in jeder Phase die Ruhe zu bewahren. Marcia, ich danke Ihnen für alles.

Mein Ehemann, Henry, muss viel mit mir aushalten, insbesondere wenn ich an einem Buch arbeite, dennoch gelingt es ihm immer, freundlich, verständnisvoll, hilfreich, gefällig und liebevoll zu bleiben. Aber von ebenso großer Bedeutung ist die Tatsache, dass er ein toller Fotograf ist und mich auf meinen für die Veröffentlichung bestimmten Fotos immer gut aussehen lässt. Henry, ich kann dir gar nicht genug danken für alles, was du tust, versuche also bitte mein Genörgle als eine Form von Dankbarkeit zu sehen.

Ebenfalls für ihre beständige Unterstützung danken möchte ich Donna Cowan, T. R. Fleischer, Bridget Hanley, Sharon Kristensen Demere, Charmaine Gunnell, Lee Silber und Ruth Williams; der verstorbenen Helen Delany, all meinen wundervollen Klienten und den Tausenden Workshop-Teilnehmern, durch die meine Kurse zum Thema „Entrümpelung" ein solcher Erfolg sind; dem Team der San-Diego-Learning-Annex-Weiterbildung, insbesondere Debbie Luican, Kathy Lueder und Deb Ingersoll; und dem Team der Literaturagentur Margret McBride, insbesondere Sangeeta Mehta, Kris Sauer, Donna DeGutis und natürlich Margret McBride selbst.

Meiner Familie gebührt ebenfalls besonderer Dank. Mein Bruder, Stuart, war in entscheidenden Momenten äußerst hilfreich; meine Eltern versorgten mich mit unendlicher Liebe und, möglicherweise unabsichtlich, umfangreichem Material; und meine Schwester, Janet, ist mit ihrem Mann, Stan, und ihren wunderbaren Kindern, Louis und Irene, ebenfalls eine Quelle der Freude und Inspiration.

Ihnen allen herzlichen Dank!

*Harriet Schechter*

# Einführung

Meinen ersten Entrümpelungs-Workshop werde ich nie vergessen.

Es war so voll, dass man nur noch stehen konnte. Fast 100 Personen drängten sich in einem an sich großen Besprechungsraum. Es wurde schnell deutlich, dass diese Leute verzweifelt nach Antworten auf ihre Krempelprobleme suchten. Noch ehe der Unterricht offiziell begonnen hatte, bombardierten sie mich mit Fragen wie:

- Was kann ich gegen das Gefühl unternehmen, dass ich mich von meinem Krempel nicht trennen kann?
- Wie verhindere ich, dass sich meine Post immer zu Türmen aufstapelt?
- Was kann ich mit Karten und Briefen machen, von denen ich mich nicht trennen möchte?
- Wie lange muss ich Steuerunterlagen aufbewahren?
- Wie kann ich mich dazu motivieren, mich endlich um meinen Krempel zu kümmern?
- Wie entsorge ich den mannshohen Krempel in der Garage?
- Was kann ich mit den ganzen Zeitschriften- und Zeitungsausschnitten machen, die ich irgendwann einmal lesen will?
- Wie kann ich meine Schränke entrümpeln und mich von Klamotten trennen, die noch tadellos sind?
- Gibt es eine Möglichkeit, wie mein Schreibtisch aufgeräumt bleibt?

Und meine Lieblingsfrage, die ich in den folgenden Jahren – manchmal ziemlich nachdrücklich - noch oft hören sollte:

*Warum bewahren wir das ganze Zeug überhaupt auf?*

Ich habe diese und viele andere Fragen in meinen seit 1988 monatlich stattfindenden Workshops beantwortet – und tue dies jetzt auch in diesem Buch. Aber glauben Sie nicht, dass diese Antworten einem leicht fallen. Es ist schwierig, mit Krempel umzugehen, zum Teil auch deshalb, weil er etwas so Subjektives ist. Der Krempel des einen ist der Schatz des anderen, und umgekehrt. Krempel ist etwas Relatives – und manchmal gehört er gar nicht einem selbst, sondern einem Verwandten. Das traf und trifft ganz bestimmt auf mich zu.

## Wie ich zu den Antworten gelangte

Ich stamme aus einer Mischehe: meine Mutter häuft Krempel an, mein Vater nicht. Zum Glück erbte ich von beiden das Beste. Ich räumte schon immer ausgesprochen gerne auf, und ich empfinde Mitgefühl mit Leuten, die von Krempel regelrecht überwältigt werden. Verwundert es da, dass ich mit diesen Eigenschaften schließlich das Ordnen und Organisieren zu meinem Beruf machte und dann den unorganisiertesten Mann der Welt heiratete? (Nein, nein, er war kein Klient, falls Sie sich das fragen sollten.)

Lange Zeit, bevor ich offiziell meine Berufung zum Beruf machte, half ich Familienmitgliedern, Freunden und Kollegen. Sie sagten mir immer: „Du kannst das so gut – man sollte dich dafür bezahlen!" (Nicht dass sie mir Bezahlung angeboten hätten. Sie meinten vielmehr: „Jemand anderer sollte dir dafür etwas bezahlen.") Ich brauchte Jahre, um zu erkennen, dass sie Recht hatten.

Schließlich gründete ich ein Unternehmen, um anderen bei der Organisation und beim Entrümpeln ihres Lebens zu helfen. Seit 1986 habe ich Tausenden von Einzelpersonen, Paaren, Unternehmen und Institutionen dabei geholfen, sich von Krempel zu befreien und so produktiver zu werden. Dabei lernte ich ungeheuer viel von meinen Kunden und Workshop-Teilnehmern.

Die Methoden zur Krempelbewältigung in diesem Buch stammen aus dem realen Leben und wurden immer wieder erprobt und getestet, die Tipps erwuchsen aus meiner jahrelangen Erfahrung als Organisationsberaterin. Meine Ratschläge spiegeln die Erfahrungen wider, die ich in den Krempelgräben mit allen möglichen wundervollen Menschen sammelte, in jeder nur denkbaren Situation und jedem nur vorstellbaren Arbeitsbereich – angefangen vom Steuerberater bis hin zum Tierpfleger im Zoo. Ich half Ärzten und Hundetrainern, Managern und Unternehmern, Hausfrauen und Gartenbaufachleuten, Rechtsanwälten und Bibliothekaren, Publizisten und Herausgebern, Verkäufern und Sozialarbeitern, Lehrern und Wirtschaftsmagnaten ... und das Wesentliche, was sie, abgesehen von ihrem Krempelproblem, gemeinsam hatten, war ihr starker Wunsch, dieses Problem zu besiegen.

Die Anekdoten und Zitate dieser mutigen Leute sind authentisch; die Namen und bestimmte Details habe ich jedoch verändert, um diese „Entrümpelungslaien" nicht bloßzustellen.

## An wen sich dieses Buch richtet

Dieses Buch ist für all diejenigen gedacht, die sich von ihrem Krempel trennen wollen, statt ihn nur umzuschichten.

Es richtet sich an Sie, wenn:

- Sie es leid sind, Ihre Besitztümer neu zu ordnen.
- Sie Ihren Krempel loswerden möchten, aber nicht wissen, wo und wie Sie anfangen sollen.
- es Ihnen schwer fällt, sich von Dingen zu trennen – von Kleidung, Büchern, Unterlagen oder anderen materiellen Gütern.
- Sie sich überwältigt fühlen angesichts des ständigen Anwachsens von Krempel in Ihrer Wohnung, Ihrem Büro, Ihrem Auto ... Ihrem Leben.
- Sie Angst haben, den Krempel loszuwerden, weil Sie fürchten, dass es Ihnen dann Leid tut.

Die Ratschläge in diesem Buch richten sich an Menschen, die im Wesentlichen mit ihrem eigenen Krempel zu tun haben. Wenn Sie mit jemandem zusammenleben oder jemanden lieben, dessen Krempel Ihnen Sorge bereitet, müssen Sie die Tatsache akzeptieren, dass Sie ihm womöglich nicht beim Entrümpeln helfen können, wenn er sich nicht helfen lassen möchte. Ich gehe im Nachwort und in Anhang B darauf ein, wie man mit Krempelsituationen im Zusammenhang mit Kindern und Ehegatten umgeht.

**Sind Sie ein richtiger Hamster?**

Mit den Jahren beobachtete ich, dass die Leute, die sich um Hilfe an mich wenden oder meine Workshops besuchen, entweder:

1. im Grunde genommen organisiert sind, sich aber von Krempel regelrecht erschlagen fühlen.
2. eigentlich unorganisiert sind, aber sich gerne organisieren möchten.
3. am „Hamster-Syndrom" leiden.

Das Hamster-Syndrom (HS) ist ein klinisch beschriebener Zustand, der mit dem Vermüllungssyndrom verwandt ist. (Ungefähr ein Viertel der fünf Millionen Amerikaner mit Vermüllungssyndrom weisen Symptome des Sammelns und Anhäufens von Krempel auf.) Menschen mit HS sammeln und horten unermessliche Mengen von Material an, das für andere oft nur wenig oder gar keinen erkennbaren Wert hat. Wenn sie versuchen, etwas von ihrem Kram wegzuwerfen, fühlen sie sich meist schlecht anstatt wohl dabei; sie trauern oft lange Dingen nach, die sie vor einiger Zeit entsorgt haben.

Wenn Sie sich in der Kategorie 1 oder 2 wiederfinden, brauchen Sie vielleicht lediglich die Ratschläge dieses Buches, um sich von Krempel zu trennen. Wenn Sie hingegen an HS leiden oder Ihnen ein vom Hamster-Syndrom betroffener Mensch am Herzen liegt, benötigen Sie unter Umständen zusätzliche Hilfe – aber verzweifeln Sie nicht! In Anhang B finden Sie Hilfsangebote für Menschen, die an HS leiden.

## Und dabei hilft Ihnen dieses Buch

*Entrümpeln Sie Ihr Leben!* strebt zwei Ziele an, die miteinander in Verbindung stehen:

- Das Buch will Sie dazu bringen, sich schmerzlos von allem zu trennen, das Ihr Leben unnötig belastet – Vergangenes und Gegenwärtiges.
- Es soll Ihnen zeigen, wie Sie in Zukunft den Krempel besiegen, indem Sie den Drang zum Erwerben und Anhäufen in den Griff bekommen.

Beachten Sie bitte, dass „Ihnen dabei helfen, ordentlicher zu werden" nicht auf der Liste steht. Und zwar deshalb, weil das Ordnen von Dingen nicht dasselbe ist, wie sich davon zu trennen. Überdies kann das Ordnen den Entsorgungsprozess sogar aus folgenden Gründen behindern:

- weil Sie es so leichter hinauszögern können, sich von Ihrem Krempel zu trennen, während Sie endlos damit herumpusseln.

- weil Sie dadurch eine gute Ausrede haben, noch mehr Zeug zu kaufen (getarnt als „Ordnungszubehör").
- weil Sie dadurch ermutigt werden, zu viel Zeug zu behalten. (Durch das Neuordnen können Sie oft jeden Quadratzentimeter Stauraum füllen. Aber hallo, solange es ordentlich aussieht, ist es kein Krempel – nicht wahr? Da kann ich nur lachen.)

Bei diesem Buch handelt es sich um kein „Organisationsbuch" in dem Sinne, dass es sich auf Lösungen in puncto Stauraum, Produktempfehlungen oder Vorschläge, wie Sie Ihren Raum maximal nutzen, konzentriert. Aber es ist auch kein Anti-Organisationsbuch. Ganz im Gegenteil. Ich habe Organisationstechniken aufgenommen, die sich, wie ich aus Erfahrung weiß, beim Entrümpeln als hilfreich erweisen. Wie Sie merken werden, umfassen sowohl die ersten wie auch die letzten Schritte des Entrümpelns die Tätigkeiten des Aufräumens und Ordnens.

## Die einzelnen Schritte des Entrümpelns

1. Graben Sie aus und teilen Sie in Kategorien ein: Tragen Sie Ihren Krempel Stück für Stück auf einen Haufen zusammen und gruppieren Sie ähnliche Gegenstände zusammen.
2. Entscheiden Sie und trennen Sie sich: Wählen Sie aus, von was Sie sich trennen und was Sie behalten wollen; rangieren Sie aus, zerstören Sie, verschenken oder recyceln Sie alles, was Sie nicht unbedingt benötigen.
3. Arrangieren und systematisieren Sie: Geben Sie dem, was übrig bleibt, eine Ordnung, die Ihnen auf Dauer behagt oder Ihnen das Leben erleichtert.

Während Sie lernen, sich von immer mehr Krempel zu trennen, entdecken Sie vielleicht, dass Sie ordentlicher und organisierter werden. (Vielleicht entdecken Sie noch viele andere Dinge. Aber dazu kommen wir später.) Dieser Lernprozess entsteht oft, wenn man sich von Krempel trennt – gleichsam als Nebenprodukt. Aber vergessen Sie nicht, es handelt sich hier um ein Nebenprodukt, nicht um das Ziel. Das Ziel besteht darin, sich von Krempel zu trennen – und je mehr Sie entsorgen, umso weniger haben Sie danach zu ordnen und aufzuräumen. Deshalb handelt *Entrümpeln Sie*

**Das Thema lautet „Krempel“**

Mit diesem Buch will ich Ihnen hauptsächlich effektive Methoden aufzeigen, wie Sie sich von Krempel trennen können. Deshalb habe ich es absichtlich nicht mit Themen überfrachtet, die oft mit Krempel verbunden oder mit ihm in einen Topf geworfen werden: wie etwa der Überwindung einer zaudernden Haltung, Überwinden von Zögerlichkeit, Perfektionismus und chronischer Verspätung, Hinweise zur Haushaltsführung und Tipps zur Steigerung der Effektivität. Auch wenn solche Themen von Bedeutung sein mögen, so können sie sich doch auf dem Weg zur Krempelbewältigung als Hindernisse darstellen.

*Ihr Leben!* hauptsächlich davon, wie man auswählt, welcher Dinge man sich entledigt – zuversichtlich, stetig und ohne Angst, dies zu bedauern. Es handelt davon, wie Sie sich Ihre Last erleichtern und überschüssigen Ballast abwerfen können, damit Sie los- und davondüsen können. Und aus diesem Grund sollen Ihnen die auf den folgenden Seiten behandelten Techniken dabei helfen, Sachen loszuwerden, anstatt sie lediglich an einer anderen Stelle zu verräumen ... in Körbe, Schachteln, Taschen, Schränke, Wandschränke, Kisten und all die anderen beliebten Hilfsmittel zur Aufbewahrung.

Ihren bestehenden Krempel loszuwerden ist ein wichtiges Ziel – aber davon handelt dieses Buch nur zum Teil. Um sich wirklich von Krempel zu trennen, müssen Sie auch wissen, wie Sie sich künftig davor schützen, überhaupt Krempel anzuhäufen. Wenn Sie schneller Dinge erwerben, als Sie sie loswerden, bleiben Sie schließlich nicht lange krempelfrei – wie Sie vielleicht schon gemerkt haben. (Ist Ihnen schon mal aufgefallen, wie flott gerade erst ausgeräumte Schubladen und Schränke sich anscheinend wie von selbst wieder anfüllen?) Deshalb besteht das zweite Ziel des Buches darin, Ihnen zu zeigen, wie Sie Ihren Kaufdrang in den Griff bekommen, damit Sie nicht länger ein Sklave von Dingen sind, die Sie nicht brauchen. – Begeben wir uns also auf die Reise ...

**Wie dieses Buch aufgebaut ist**

*Entrümpeln Sie Ihr Leben!* ist in drei Teile gegliedert, die sich auf vergangene, gegenwärtige und künftige Krempelfragen beziehen:

Teil I: Vergangenheit – Warum Sie mit Ihrem Krempel so und nicht anders umgehen

Teil II: Gegenwart – Umgang mit Ihrem gegenwärtigen Krempel

Teil III: Zukunft – Kontrolle Ihrer Krempelquote

Die zehn am häufigsten gestellten Fragen zum Thema Krempel werden in diesen drei Teilen beantwortet. Andere oft gestellte Fragen zu Krempel finden sich zusammen mit ihren Antworten im Nachwort. Im Anhang verweise ich auf zusätzliche Hilfsmöglichkeiten, wie Sie sich von Ihrem Krempel trennen können. Die neuesten, immer aktualisierten Informationen zu diesem Thema finden Sie auf der Webseite zu diesem Buch, nämlich unter www.letgoclutter.com.

## Die zehn häufigsten Krempelfragen – und wo Sie die Antworten darauf finden

Alle Teilnehmer meiner Entrümpelungs-Workshops werden gebeten, die Frage aufzuschreiben, die ihnen hinsichtlich Krempel am meisten unter den Nägeln brennt. Seit 1988 habe ich Tausende dieser Fragen gesichtet und sie in repräsentative Kategorien geordnet. Es folgen die zehn am häufigsten gestellten Fragen und an welcher Stelle des Buches Sie die Antwort darauf finden.

Frage: Warum heben wir den ganzen Kram auf?
Antwort: Siehe Kapitel 1.

Frage: Was kann ich gegen das Gefühl unternehmen, dass ich mich nicht von meinem Krempel trennen kann?
Antwort: Siehe Kapitel 1 und 2.

Frage: Wie kann ich mich dazu bringen, mich mit meinem Krempel zu befassen?

Antwort: Siehe Kapitel 3.

Frage: Was soll ich mit den ganzen Zeitschriften- und Zeitungsausschnitten machen, die ich irgendwann einmal lesen möchte?
Antwort: Siehe Kapitel 4.

Frage: Gibt es einen Weg, wie ich meinen Schreibtisch krempelfrei halten kann?
Antwort: Siehe Kapitel 4.

Frage: Wie schaffe ich es, dass sich meine Post nicht mehr zu Stapeln auftürmt?
Antwort: Siehe Kapitel 4.

Frage: Wie kann ich meine Schränke entrümpeln und die Kleider entsorgen, die noch tadellos sind?
Antwort: Siehe Kapitel 5 und 7.

Frage: Wie entsorge ich den mannshohen Krempel in meiner Garage?
Antwort: Siehe Kapitel 5.

Frage: Was soll ich mit Postkarten und Briefen machen, von denen ich mich nicht trennen kann?
Antwort: Siehe Kapitel 6.

Frage: Wie lange muss ich Steuerunterlagen aufbewahren?
Antwort: Siehe Kapitel 4 und Anhang A.

# Teil I

# Die Vergangenheit

## Warum Sie mit Ihrem Krempel so und nicht anders umgehen

# Kapitel 1

# Weshalb viele sich so schwer von Krempel trennen können

Bei der Krempelentsorgung kommt es entscheidend darauf an, dass Sie die Kräfte erkennen, die Sie dazu bringen, Sachen zu erwerben und an ihnen festzuhalten. Warum? Weil das Wissen, wogegen man ankämpft, einem zu besseren Entscheidungen verhilft.

**Überblick**

Dieses Kapitel hilft Ihnen zu verstehen, warum es anscheinend so schwer ist, sich von Krempel zu verabschieden. Das Wissen darum führt zu Macht – Macht über die unsichtbaren Einflüsse, die Sie dazu bringen, Dinge anzuhäufen und zu behalten. Diese Einflüsse sind verknüpft mit drei Faktoren, die dazu beitragen, Krempel entstehen zu lassen:

1. Dem Krempel-Chromosom – warum Sie womöglich von Natur aus zum Erwerben und Anhäufen angelegt sind
2. Dem Krempel-Zwang – wie Sie psychisch darauf programmiert sind, an Krempel festzuhalten
3. Der Krempel-Kultur – wie Sie soziologisch beeinflusst sind, endlos Krempel zu sammeln

Warum ist es so schwer, sich von Krempel zu trennen? Weil das Anhäufen in unserer Natur liegt und das Gegenteil – das Aussortieren – uns deshalb unnatürlich vorkommt.

Diese Antwort dämmerte mir eines Tages, als ich einen Eichelhäher in meinem Innenhof fütterte. Der Vogel, der fast täglich vorbeikommt, hortet gerne die Leckerbissen, die ich ihm gebe. Er pickt sich die Gaben von meiner Hand, huscht zum Rasen oder zu einem Busch, versteckt die milde Gabe unter einem Grasbüschel oder einem Blatt und eilt dann zu mir zurück, um den nächsten Leckerbissen zu bekommen. Ich bin überzeugt: Wenn ich den ganzen Tag dasitzen und ihn füttern würde, ginge das rund um die Uhr so. Gleichgültig wie viel er bekommt – er hat nie genug: Der

Vogel ist auf daß unentwegte Sammeln und Horten programmiert. Wie gut, dass er keinen Zugriff auf Kreditkarten, Kataloge, Werbematerial und das Internet hat.

## Zum Erwerben veranlagt

Das Verhalten meines gefiederten Freundes ließ mich über die Tatsache nachsinnen, dass der Hamsterinstinkt sich nicht auf Hamster beschränkt (auf die Nagetiere, will ich damit sagen). Alle möglichen Tiere – Mollusken, Insekten, Primaten, sogar manche Hunde und Katzen – kommen mit etwas in ihrem Gehirn auf die Welt, das ihnen sagt, sie sollten fortwährend Vorräte ansammeln.

Ist es möglich, dass auch das menschliche Gehirn biologisch auf das Erwerben und Anhäufen ausgerichtet ist? Auf der Grundlage meiner eigenen höchst unwissenschaftlichen Experimente halte ich das für überaus wahrscheinlich. Die Tatsache, dass das schwer fassbare „Krempel-Chromosom" noch nicht gefunden wurde – wahrscheinlich wurde es vor langer Zeit einmal verlegt –, bedeutet nicht, dass es nicht genügend andere Beweise für die Annahme seiner Existenz gibt. Dies dürfte eine gute Nachricht für alle sein, die von jeher ihre Krempelprobleme auf eine genetische Veranlagung zurückführen. Sind Sie es müde, Ihre Eltern anzuklagen? Jetzt können Sie die Schuld auf Ihre primitiven Vorfahren abwälzen!

Im Verlauf ihrer Entwicklung strebte die Menschheit unerbittlich danach, mehr zu erwerben – mehr Nahrung, mehr Territorium, mehr Leute, mehr Geld, mehr Informationen, mehr Sachen. (Selbst der Ausdruck „weniger ist mehr" spiegelt diese Wahrheit wider. Wie die Trendforscherin Faith Popcorn beobachtete: „Was wir heute wollen, ist weniger. Zunehmend weniger.") Unsere Methoden, mehr zu bekommen, reichen von Tauschhandel, Kaufen und Leihen bis hin zu Diebstahl, Raub und Plünderung.

Ich möchte Ihnen noch ein wenig Nahrung zum Nachdenken geben. Nahrung zu horten war lediglich die erste Form der Vorratshaltung. Als entweder Fressgelage oder aber Hungersnöte an der Tagesordnung waren, wie es bis vor relativ kurzer Zeit der Fall war, stellte das Horten von Nahrung eine Überlebensstrategie dar. Es ist zweifellos eine gute Sache, dass unsere Vorfahren ebenso wie aufs Jagen und Sammeln aufs Anhäufen programmiert waren, sonst wäre unsere Spezies womöglich ausgestorben. (Ich hege den Verdacht, dass die Dinosaurier in Wirklichkeit deshalb ausstarben, weil ihre Nahrung einfach viel zu umfangreich war und sie nicht mehr über genügend Lagerkapazität verfügten.) Leider hat unsere biologische Entwicklung nicht mit unserer derzeitigen Wirklichkeit Schritt gehalten. Es ist, als klemme der Hungersnotschalter bei „in Betrieb" fest, während wir uns im Dauerfressgelage-Modus befinden. So wurde der Jäger zum Gejagten: Wir sind besessen von unseren Besitztümern. Wir haben viel mehr Arten von Sachen, als es sich unsere Vorfahren auch nur hätten vorstellen können.

*Was man nicht weggeben kann,*
*besitzt man nicht. Es besitzt einen.*
Ivern Ball

Ich will auf Folgendes hinaus: Überfluss ist eine natürliche Folge unseres Grundbedürfnisses, Dinge zu erwerben und anzuhäufen. Dies läuft dem unhinterfragten Gemurmel der „Politik der Beschränkung" zuwider, die den vergleichsweise einfachen Lebensstil unserer Urgroßeltern als Beweis dafür sieht, dass die Beschränkung „natürlicher" sei – und ein Übermaß an Dingen deshalb unnatürlich. Aber diese Schlussfolgerung zieht nicht ins Kalkül, dass es in der Vergangenheit nur eine begrenzte Menge an Dingen zu erwerben gab (und auch keine Kreditkarten, mit denen man etwas hätte erwerben können). Die Zeiten, die Verhältnisse haben sich geändert – aber die Menschen nicht. Wir sind weder zur Selbstverleugnung noch dazu veranlagt, uns der Dinge zu entledigen – ganz im Gegenteil. Also ist es nur natürlich, dass man mehr ... und immer mehr ... bekommen möchte, und dies unentwegt. Es fällt uns schwer, uns von Dingen zu trennen, weil dies einem grundlegenden menschlichen Instinkt zuwiderläuft.

**Halten Sie an Krempel fest?**

Haben Sie buchstäblich Angst davor, sich von Kram zu trennen? Wenn Sie andauernd Dinge verlegen, rührt dies vielleicht daher, weil Sie sich von einem Platz zum anderen bewegen und dabei etwas fest in Händen halten, das Sie schließlich irgendwo abstellen, wo es gar nicht hingehört. Bemühen Sie sich bewusst, Gegenstände aus Ihrem Griff zu lösen, und lassen Sie sie dort, wo sie hingehören.

Schwierig ist allerdings nicht gleichzusetzen mit unmöglich. Sie können lernen, dem Krempel-Chromosom zuwiderzuhandeln und Ihren Instinkt nach Erwerb und Anhäufen zu besiegen. Ebendies lehrt Sie dieses Buch. Aber zuerst müssen wir uns mit den anderen Schlüsselfaktoren auseinander setzen, die es uns so schwierig machen, uns von Krempel zu trennen.

## Der Zwang, Krempel zu behalten

Wir sind nicht nur biologisch dazu veranlagt, Dinge zu erwerben, wir sind überdies psychisch darauf programmiert, an ihnen festzuhalten. Meines Erachtens wurzelt unser Zwang, Dinge zu behalten, in der Angst, insbesondere in der Angst vor der Reue. Weil Reue eine so schmerzvolle Emotion ist, versuchen wir, sie zu vermeiden. Dies führt zu einem der gebräuchlichsten Argumente, Krempel zu behalten: „Immer wenn ich etwas aussortiert habe, brauche ich es schließlich doch irgendwann einmal!" Wer hat nicht schon die Erfahrung gemacht, dass er etwas aussortierte – ein Kleidungsstück, Buch oder Möbelstück, irgendeine Gerätschaft, was auch immer – und es später bitter bereute? (Insbesondere wenn Sie dann erfahren, dass ein ähnlicher Gegenstand für Unsummen in einem piekfeinen Antiquitätengeschäft verkauft wurde.)

## Kommen Sie darüber hinweg

Was passierte das letzte Mal, als Sie sich von etwas trennten und dies dann bereuten? (Glauben Sie mir, das ist fast jedem schon mal passiert.) Sie sind darüber hinweggekommen, nicht wahr? Jedenfalls schaffen das psychisch gesunde Leute. Sie kommen darüber hinweg und ziehen weiter. Das heißt nicht, dass Sie nicht gelegentlich ein wenig die Reue zwickt. Aber Sie lassen nicht zu, dass davon Ihr Denken beherrscht und die Art Ihres Lebens beeinflusst wird. Wenn Sie sich allerdings dabei ertappen, dass Sie über den Verlust einen leblosen Gegenstands trauern, brauchen Sie mehr Hilfe, als ich Ihnen geben kann, und ich bitte Sie inständig, eine Beratungsstelle aufzusuchen. Das Leben ist zu kurz, als dass man Zeit damit vergeuden sollte, in Reue zu schwelgen. (Bitte sehen Sie in Anhang B unter den Beratungsangeboten für das Hamster-Syndrom nach.)

Solange Sie Ihre Reuegefühle nicht loslassen, haben Sie Ihren Krempel nicht wirklich losgelassen. Sie haben vielleicht den Krempel entsorgt, aber Sie hängen immer noch daran. Ihre Reue hat eine unsichtbare Kette geschaffen, die Sie an etwas gefesselt hält, was schwerer als eine Eisenkugel wiegt: Ihre Krempelgespenster. Befreien Sie sie, und Sie befreien sich von der Furcht vor Reue, die Sie davon abhält, sich von Krempel zu trennen.

Das „Kommen-Sie-darüber-hinweg"-Arbeitsblatt soll Ihnen dabei helfen, alle Ihre vielleicht vorhandenen Reuegefühle loszulassen, die Ihre Entkrempelungsbemühungen behindern könnten.

Das Ausfüllen dieses Arbeitsblattes wird Sie höchstwahrscheinlich Folgendes erkennen lassen:

- Ihre Reuegefühle führen gewöhnlich zur Zeitverschwendung und sind eine dürftige Ausrede für Sie, weiter an Krempel festzuhalten; oder
- Ihre Reuegefühle haben Sie klugerweise davor bewahrt, weitere bedauerliche Beurteilungsfehler zu machen (etwa andere wertvolle oder bedeutsame Gegenstände auszusortieren).

Auf jeden Fall haben Sie begonnen, sich der Auswirkungen besser bewusst zu werden, die Ihre Furcht vor Reue womöglich auf Ihre Entscheidungen hat.

*Kampf der Reue*
*Denken Sie daran: Wenn Sie sich von etwas trennen, können Sie es für gewöhnlich wieder bekommen. Die meisten Dinge sind zu ersetzen.*

**Das „Kommen-Sie-darüber-hinweg"-Arbeitsblatt**

Schreiben Sie in die erste Spalte alle Dinge, deren Entsorgung Sie bereuen. (Bitte beschränken Sie Ihre Liste auf leblose Gegenstände.) In die zweite Spalte schreiben Sie neben jeden Gegenstand, warum Sie das Entsorgen bereuten oder noch immer bereuen. In der dritten Spalte beschreiben Sie das Ergebnis oder die Auswirkung, die diese bereute Entscheidung auf Ihr Leben hat(te). Und in der vierten Spalte bewerten Sie das Ergebnis oder die Auswirkung als positiv, negativ oder neutral.

| Gegenstände, deren Entsorgung ich bereute | Warum? | Was war das Ergebnis oder die Auswirkung? | War das Ergebnis positiv, negativ oder neutral? |
|---|---|---|---|
| | | | |
| | | | |
| | | | |
| | | | |
| | | | |
| | | | |
| | | | |
| | | | |
| | | | |
| | | | |
| | | | |
| | | | |

## Es ist Ihre Entscheidung

Sich von etwas zu trennen und dies später zu bereuen ist nicht die einzige Art der Reue, die durch Krempel verursacht wird. Es gibt noch eine andere: die Reue, dass Sie überhaupt Geld dafür ausgaben. (Jeder, der schon einmal ein teures, nie getragenes Kleidungsstück, an dem noch das Preisschild klebte, jahrelang einsam und verlassen im Schrank hängen hatte, weiß, wovon ich spreche.) Dies kann dazu führen, dass Sie unbewusst versuchen, Ihre Entscheidung zu rechtfertigen, indem Sie daran festhalten. Wenn Sie sich davon trennen, ist es so, als gäben Sie damit zu, dass Sie eine schlechte Wahl getroffen haben – was für ein Alptraum, ein Fehler! Und für manche Leute ist es einfach zu schmerzhaft, diese Möglichkeit in Betracht zu ziehen und sich einzugestehen.

Beide Arten der Reue haben Folgendes gemein: Sie signalisieren, dass Sie sich mit Ihren getroffenen Entscheidungen, was Sie behal-

**Angst vor Reue: Ihre Reue hat eine unsichtbare Kette geschaffen, die Sie an Ihre Krempelgespenster gefesselt hält.**

ten und was Sie aussortieren wollen, unwohl fühlen. Ein Teil des Entsorgungsprozesses hat damit zu tun, dass Sie Ihre Meinung ändern und Entscheidungen treffen – bewusste Entscheidungen –, die sich von denen unterscheiden, die Sie unbewusst getroffen haben. Das bedeutet praktisch, dass Sie sich neu programmieren.

Bei der Lektüre dieses Buches lernen Sie, wie Sie andere Entscheidungen treffen – und zwar bessere. Vorher müssen Sie allerdings noch etwas über einen letzten (aber keineswegs unwichtigen) Faktor erfahren, der zur Krempelanhäufung beiträgt.

## Im Land der „Sucht nach Mehr" leben

Wenn Sie von Kindesbeinen an in Amerika oder Europa leben, haben Sie früh gelernt, immer mehr zu bekommen und zu behalten, statt etwas loszulassen. Dieser Sozialisationsprozess fängt früh an und wird so tief verinnerlicht, dass sich die meisten Leute nicht einmal bewusst sind, wie sehr er ihr Leben formt. Ich selbst hatte das Ausmaß nicht erkannt, bis ich den folgenden Absatz in *The Grief Recovery Handbook* las:

*In unserer Entwicklung erlernen wir vor allem Strategien, wie wir sowohl materielle als auch nichtmaterielle Dinge erwerben, um das Leben zu einer Kette von erfolgreichen und glücklichen Ereignissen zu machen. In der frühen Kindheit versuchen wir, das Lob unserer Eltern zu erhalten. Später trachten wir danach, an Weihnachten oder Hannukah Geschenke zu bekommen, indem wir uns folgsam verhalten. Wir versuchen, in der Schule gute Noten zu bekommen, um Anerkennung zu gewinnen. ... Dieser Lernprozess, wie man Dinge erwirbt, hält unvermindert sogar bis ins Erwachsenenleben an. Zweifellos durchschaut die Werbeindustrie dieses Phänomen, wenn ihre Marketingkampagnen sich auf das Erreichen von Glück und Zufriedenheit durch den Erwerb von Dingen konzentriert.*

Aus *The Grief Recovery Handbook*
von John W. James und Frank Cherry

Wenn man Ihnen beibringt, dass Erwerb gut ist, folgt daraus, dass Nichterwerb nicht gut ist. Mehr ist besser; also ist weniger schlechter. Diese Vorstellung ist in unserer Kultur so zentral, dass die Leute sie kaum in Frage stellen. Haben Sie je den Aufkleber gesehen: „Wer mit den meisten Geschenken stirbt, hat gewonnen?" Meiner Ansicht nach haben viele Leute nie kapiert, dass dies ein Witz sein sollte.

Vor Jahren besichtigte ich Hearst Castle, und mir kam der Gedanke, dass William Randolph Hearst an einem ernsthaften Krempelproblem gelitten haben könnte. Nicht nur, dass das Schloss selbst mit seinen Anschaffungen vollgestopft ist, er hatte auch Lagerhäuser voller Kram angehäuft! Dennoch bezeichnet niemand diese Gegenstände als „Krempel". Weshalb? Wegen der weit verbreiteten Vorstellung, dass Wohlstand dem Krempel eine gewisse Achtbarkeit verleiht. (Die wohlhabenden Leute, die mich um Hilfe bezüglich ihres Krempels bitten, kaufen einem diese Vorstellung nicht ab – aber sie kaufen anscheinend sonst alles.)

Hearst litt an einem Gebrechen, das ich Überüberfluss nenne: dem unbeschränkten Wunsch und der unbeschränkten Fähigkeit, immer mehr von dem zu bekommen, von dem man bereits viel zu viel besitzt. In der Vergangenheit war Überüberfluss, wie auch Verdauungsstörungen, die Krankheit reicher Leute. Mittlerweile muss man nicht mehr reich sein, um an Überüberfluss zu leiden. (Man braucht lediglich eine Kreditkarte.) Derzeit sieht es so aus, als würden die meisten Amerikaner daran leiden. Viel wurde bereits über dieses sonderbare Syndrom geschrieben (von anderen witzigen Forschern *Affluenza* genannt). Deshalb werde ich nicht Ihre Zeit mit Listen voll langweiliger Statistiken totschlagen. Und ich werde auch keines dieser albernen Rätsel stellen, die das Offensichtliche beweisen sollen. Da Sie dieses Buch lesen, haben Sie meines Erachtens mit hoher Wahrscheinlichkeit bereits erkannt, dass Sie an Überüberfluss leiden. Und Sie wollen ein Gegenmittel – ein Heilmittel gegen „Krempelitis“.

Das folgende Kapitel zeigt Ihnen, wie Sie eines entdecken können.

## Zusammenfassung

- Das Aussortieren von Zeug läuft unserem Grundinstinkt zuwider, Dinge zu erwerben und anzuhäufen.
- Das Bedauern vergangener Entscheidungen fesselt Sie an „Krempelgespenster“ und liefert Ihnen eine Ausrede, an Ihrem Krempel festzuhalten.
- Dass Sie etwas behalten, was von vorneherein nicht das Passende für Sie war, rechtfertigt nicht das Geld, das Sie dafür ausgegeben haben.
- Darauf sozialisiert zu sein, dass man immer mehr Dinge bekommt, führt zu Überüberfluss: zum unbeschränkten Wunsch und der unbeschränkten Fähigkeit, immer mehr von dem zu bekommen, von dem man bereits zu viel hat.
- Wenn Sie merken, dass Sie über den Verlust eines leblosen Gegenstands trauern, sollten Sie eine Beratungsstelle aufsuchen.

# Kapitel 2

# Was ist Krempel?

*Einer der ersten Schritte, sich von Krempel zu trennen, ist es, sich darüber klar zu werden, was er für Sie bedeutet. Weshalb? Weil das emotionale Gepäck, das am Krempel hängt, manchmal fast genauso schwer wiegt wie der Krempel selbst.*

**Überblick**

Dieses Kapitel bringt Sie dazu, sich darauf zu konzentrieren, von was genau Sie sich trennen wollen. Um ein Ziel zu treffen, müssen Sie schließlich erst einmal wissen, was Sie anpeilen sollen. Die Konzentration auf Ihr Krempelziel verläuft in zwei Schritten:

1. Was ist Krempel? Ich zeige Ihnen verschiedene Bedeutungsebenen, Definitionen und Beispiele von Krempel, um Ihnen bei der Klärung dessen zu helfen, was er für Sie bedeutet und wie er sich auf Ihr Leben auswirkt.
2. Klassifizierung des Krempels – exaktes Bestimmen der Krempelkategorien und Krempelbereiche, auf die Sie beim Entrümpeln Ihr Hauptaugenmerk richten sollten.

## Ist Krempel schlecht?

Wie Schönheit liegt auch Krempel im Auge des Betrachters. (Wenn er Ihnen tatsächlich ins Auge gerät, könnte das natürlich ein Problem darstellen.) „Der Krempel des einen ist vielleicht der Schatz eines anderen", um es in Abwandlung einer alten Redensart auszudrücken. Aber das Wort „Krempel" wird synonym mit Müll, Dreck, Unordnung verwendet. Ist Krempel also schlecht?

Doch Krempel hat auch noch eine andere Seite: eine gemütliche, vertraute, einladende Seite. Er ist das Gegenteil von steril und kalt. Der Ausdruck „angenehm voll gestopft" könnte beispielsweise das Bild eines behaglichen Häuschens auf dem Land, eines entzückenden kleinen Geschenkeladens, einer beliebten alten Buchhandlung oder vielleicht der mit Schätzen angefüllten Mansarde Ihrer Urgroßmutter aufsteigen lassen. Wundervolle Antiquitätengeschäfte sind oft ansprechend voll gestopft, wie auch die Ateliers vieler erfolgreicher Künstler – bezaubernde Gärten und Museen voller Schrulligkeiten. Und der Landhauseinrichtungsstil braucht geradezu eine gewisse Menge von „sammelbarem Krempel". Also bedeutet Krempel nicht immer Chaos, sondern manchmal Behaglichkeit. Somit kann Krempel auch etwas Gutes sein.

Der springende Punkt dabei ist: Krempel ist nur so schlecht – oder gut –, wie Sie sich dabei fühlen. Da Sie dieses Buch lesen, darf man vermutlich mit gutem Grund annehmen, dass Ihr Krempel Ihnen kein besonders gutes Gefühl verschafft. Doch gleichgültig, was Sie in puncto Krempel empfinden, müssen Sie folgende Tatsache anerkennen: Sie sind nicht Ihr Krempel.

**Stempeln Sie sich nicht länger ab**

Krempel zu haben bedeutet nicht notwendigerweise, dass Sie faul, undiszipliniert oder schmuddelig sind beziehungsweise sonst eine der negativen Etikettierungen tragen, die Sie sich vielleicht bewusst oder unbewusst aufgrund Ihrer eigenen Beurteilungen oder der anderer Leute verliehen haben.

## Ist Krempel schmutzig?

Folgenden Ausdruck verwende ich nie: „Krempel ausmisten". Er impliziert, dass Ihr Krempel schmutzig sei. (Vielleicht ist Ihr Krempel tatsächlich schmutzig, aber wenn Sie sich seiner entledigen, müssen Sie sich nicht mehr darum kümmern, ihn sauber zu machen.) Ich ziehe den Begriff *Entrümpeln* vor: Meiner Ansicht nach ist er viel treffender und obendrein weniger abwertend.

Es herrscht anscheinend ein wenig Verwirrung hinsichtlich der Unterschiede zwischen den vier voneinander abweichenden, aber miteinander verwandten Tätigkeiten: Saubermachen, Aufräumen, Organisieren und Entrümpeln. Und so definiere ich sie:

- *Saubermachen* ist das, was Sie tun, um Staub und Schmutz zu entfernen.
- *Aufräumen* ist das, was Sie tun, bevor Besuch kommt.

- *Organisieren* ist das, was Sie zu tun versuchen, nachdem die Gäste sich verabschiedet haben, und was Sie halb wahnsinnig macht bei dem Versuch, das zu finden, was Sie beim Aufräumen versteckt haben.
- *Entrümpeln* ist das, was Sie tun, wenn Sie versuchen, sich zu organisieren, und Folgendes entdecken: Je mehr Krempel Sie entsorgen, umso weniger Kram müssen Sie in eine grundlegende Ordnung bringen.

**Glossar**

*Saubermachen:* Das Entfernen von Schmutz mittels Waschen, Staubsaugen, Abstauben, Scheuern und anderer Reinigungsverfahren

*Entrümpeln:* Ausrangieren, Entfernen oder merkliches Reduzieren jeglicher Ansammlung materieller Gegenstände

*Aufräumen:* Zurechtrücken, in Ordnung bringen und/oder Verstecken von Dingen, um den Anschein von Ordentlichkeit zu erwecken

*Organisieren:* Dinge in eine logische Ordnung bringen, damit man sie leicht finden kann

## Krempel erschlägt einen geradezu

„Was ist Krempel?", frage ich in meinen Entrümpelungs-Workshops, in denen Tausende von Menschen mir bereits ihre persönlichen Definitionen von *Krempel* mitteilten. „Der Krempel einer Person ist vielleicht der Nippes eines anderen, seine Sammlung, Vermischtes, Kuriosa, sein Tand, Schnickschnack, seine Erinnerungsstücke, notwendigen Dinge, Souvenirs, Vorräte, Schmuckstücke, Schätze ... oder einfach wichtige Sachen. Ich will also Folgendes wissen: Was verstehen Sie unter Krempel?" Die Antworten waren beispielsweise:

- Zu viel Zeug und nicht genug Platz dafür
- Dinge, mit denen ich nichts anzufangen weiß

- All das, was ich anscheinend nicht entsorgen kann, aber eigentlich gar nicht brauche
- Alles in meiner Garage – für das Auto ist gar kein Platz mehr
- Schachteln und Kisten voller „Verschiedenes"
- Alles, für das ich keinen Platz habe und das anscheinend ein bloßer Staubfänger ist
- Zu viele Dinge, die mein Leben belasten

Diese Antworten weisen auf ein Problem hin, das oft den Krempel überschattet, der es hervorruft: Überwältigtsein. Überwältigtsein ist ein Zustand, der die Entscheidung treffenden Muskeln lähmt. An Überwältigtsein Leidende neigen dazu, sich im Kreis zu bewegen und ständig etwas zu wiederholen, was so klingt wie: „Wo fange ich nur an?" (Dieses Symptom nennt man *Krempelgemurmel.*) Zum Glück lässt sich diese Krankheit, falls rechtzeitig erkannt, heilen.

Wenn Sie sich von Krempel regelrecht erschlagen fühlen, ist es äußerst schwierig, sich zu konzentrieren und mit Konzentration bei der gerade zu erledigenden Aufgabe zu bleiben. Dann sind Sie in einer Abwärtsspirale gefangen: mit schwindender Konzentration nimmt das Überwältigtsein zu – und umgekehrt. Je größer Ihr Gefühl, überwältigt zu sein, umso schwerer fällt es Ihnen, Krempel loszulassen.

**Überwältigtsein: An Überwältigtsein Leidende neigen dazu, sich im Kreis zu bewegen.**

## Was bedeutet der Krempel für Sie?

Konzentration erfordert, sich über den Zweck seiner Handlungen im Klaren zu sein. Sich klar zu machen, was Krempel ist, scheint vielleicht unmöglich zu sein, aber es ist eine nützliche Unmöglichkeit. Die Klärung, was Krempel für Sie bedeutet, kann Ihnen helfen,

1. sich darauf zu konzentrieren, von was Sie sich trennen möchten, und
2. sich zu entscheiden, womit Sie anfangen.

Beginnen wir den Klärungsprozess mit der Definition von Krempel: Ein Blick ins Wörterbuch zeigt, es gibt tatsächlich verschiedene Definitionen. Die erste Definition entspricht wahrscheinlich am ehesten dem, was sich die meisten Leute im Allgemeinen unter Krempel vorstellen: „Eine zusammengedrängte oder ungeordnete Masse oder Ansammlung von Dingen; Unordnung; Verhau." Aber ich finde die zweite Definition des englischen Wortes für Krempel, clutter, am besten: „Interferierende, auf einem Radarschirm sichtbare Echos, die durch eine Spiegelung von Objekten hervorgerufen werden, die von anderen Objekten als dem Ziel stammen."

**Wo wären Sie ohne Ihren Krempel?**

Schreiben Sie auf, was Sie tun würden, wenn Sie dem Krempel nicht erlaubten, Sie zu behindern:

________________________________________

________________________________________

________________________________________

________________________________________

Dies bedeutet, dass Krempel alles ist, was Sie als Behinderung in Ihrem Leben betrachten und was Sie von den Dingen ablenkt, die Sie für wichtiger erachten. Ein Teilnehmer in einem meiner Workshops definierte es einmal so: „Krempel ist Zeug, das mir in die Quere kommt, wenn ich versuche, etwas anderes zu machen."

Krempel ist somit ein Ungeheuer mit zwei Köpfen: Was Krempel bewirkt und was er ist, ist gleichermaßen problematisch.

„Krempel ist das, was Ihnen erlaubt, etwas aufzuschieben, auf der Reservebank zu sitzen, während draußen vor dem Fenster das Leben vorbeizieht", sagte mir einmal eine Frau. Sie hatte vor einem Umzug quer durch die USA ein Jahr lang entkrempelt. Dabei hatte sie jede Menge unvollständige Pläne, nicht abgeschlossene Projekte und aufgeschobene Träume entdeckt.

Wobei behindert Sie Ihr Krempel, wovon hält er Sie ab?

## Krempel ist Luxus

Ich selbst habe verschiedene Krempeldefinitionen. Meines Erachtens ist Krempel in gewisser Hinsicht ein Luxus. Und ich kann Ihnen beweisen, dass er ein Luxus ist, den Sie sich eigentlich nicht leisten können. Nein, warten Sie. Beweisen Sie es sich lieber selbst, weil das wirkungsvoller ist. Nehmen Sie sich drei Minuten Zeit, um das Zeit-ist-Geld-Arbeitsblatt auf der nächsten Seite auszufüllen, und Sie werden verstehen, was ich meine.

Auf der Grundlage ihrer Antworten zu diesem Arbeitsblatt haben meine Workshop-Teilnehmer berichtet, dass die durch Krempel vergeudete Zeit sie zwischen 500 und 82.000 Dollar pro Jahr kostete! Jetzt können Sie also nachvollziehen, warum meines Erachtens Krempel als Luxus betrachtet werden kann. Er kostet mit Sicherheit mehr, als er wert ist.

Aber Krempel ist überdies mehr als nur ein Luxus. Ich betrachte ihn auch als Stressfaktor. Meiner Meinung nach kann Krempel als etwas definiert werden, *das Ihnen wegen seines Äußeren, Zustands, Standortes, seiner Anordnung oder Quantität Stress verursacht.*

Ungeachtet dessen, was Sie nun als Krempel bezeichnen wollen, scheint doch eines sicher: Krempel ist das, was Sie loslassen wollen, wobei Ihnen das aber – noch – nicht gelingt.

## Was ist *nicht* Krempel?

In einem meiner Workshops fragte eine Frau wehmütig: „Halten Sie Teddybären für Krempel?" Ich antwortete: „Nicht, wenn sie Ihnen ein gutes Gefühl vermitteln."

Die Frage, was kein Krempel ist, hat meiner Meinung nach William Morris, der im 19. Jahrhundert lebende Designer, am treffendsten beantwortet: „Habe nichts im Haus, das du nicht für nützlich oder schön hältst."

**Das „Zeit = Geld"-Arbeitsblatt**

Können Sie sich Ihren Krempel wirklich leisten?

**Wie Ihre Zeit gleich Geld ist**

**Ihr Stundenlohn:** € ____________

Beachten Sie bitte: Wenn Sie Ihren Stundenlohn nicht exakt berechnen können, schätzen Sie, was Ihrem Gefühl nach Ihre Zeit auf der Basis einer 40-Stunden-Woche wert ist.

*Beispiele:*

15.000 €/Jahr = 7,21 €/Std.
20.000 €/Jahr = 9,61 €/Std.
25.000 €/Jahr = 12,02 €/Std.

**Wie viel Zeit verbringen Sie pro Jahr mit (Minuten/Jahr):**

- der Suche nach Unterlagen? ____________
- der Suche nach verlegten Gegenständen? ____________
- Ärger darüber, Dinge nicht finden zu können? ____________
- wiederholten Anstrengungen? ____________

**Insgesamt vergeudete Zeit pro Tag:** ____________

x € ____________ Stundenlohn

= € ____________

x 5 Tage pro Woche

= € ____________

x 4 Wochen pro Monat

= € ____________

x 12 Monate

= € ____________ pro Jahr vergeudet

**Warum Krempel nicht gleich Unordnung ist**

Krempel bedeutet nicht immer Durcheinander und Unordnung. Er kann aus zu viel Kram bestehen, der sorgsam arrangiert ist. Ordnung kann Übermaß kaschieren.

Aber halten Sie sich auch dies vor Augen: Selbst nützliche und/ oder schöne Dinge werden zu Krempel, wenn Sie zu viel davon haben oder wenn Sie sie auf eine Weise aufbewahren, die ihren Wert für Sie mindert.

## Klassifizierung des Krempels

Ein weiterer wesentlicher Schritt beim Entsorgen von Krempel besteht darin, das, was Sie haben, in Kategorien einzuteilen. Weshalb? Weil Sie sich so die Möglichkeit eröffnen, Ihr Entkrempelungsprojekt in konkrete Schritte aufzuteilen.

„Was speziell fällt Ihnen ein, wenn Sie an Ihren Krempel denken?" So formuliere ich die ursprüngliche Frage („Was ist Krempel?") um, wenn meine Workshop-Teilnehmer zu vage Antworten geben. Es folgen einige ihrer Antworten:

- Berge von Papier
- Kleider, die mir nicht mehr passen, aber zu hübsch zum Wegschmeißen sind
- Bücher, Videos, Fotos, von denen ich mich nicht trennen kann
- Alte Karten und Briefe, sentimentaler Kram ...
- Tausende von kleinen Hotel-Körperpflegemitteln
- Zeitungen und Zeitschriften ohne Ende
- Kaputte Gerätschaften, die ich reparieren möchte, wofür ich aber nie die Zeit finde
- Berge von unwichtiger Post
- Kinderspielzeug und Spiele

Die Liste geht endlos weiter.

Lassen wir die Definitionen anderer Leute beiseite und beantworten wir die Frage: „Was speziell fällt mir ein, wenn ich an meinen Krempel denke?" Benutzen Sie die Krempel-Checklisten auf den folgenden Seiten als Hilfsmittel bei der Konzentration auf die spezifischen Typen und Bereiche von Dingen, die Ihr Leben belasten.

Das Ausfüllen dieser Checklisten ist ein entscheidender Schritt Ihres Krempel-Entsorgungsprogramms. Indem Sie sich dabei konzentrieren und geistig sammeln, können Sie Ihre Energien im weiteren Verlauf des Entkrempelungsprozesses leichter bündeln.

## Zusammenfassung

- Krempel ist etwas, was Ihnen aufgrund seines Äußeren, seines Zustandes, Standortes, seiner Anordnung oder Quantität Stress verursacht.
- Krempel ist nur so schlecht – oder gut – wie das Gefühl, das er Ihnen bereitet.
- Krempel ist all das, von dem Sie sich trennen möchten, was Ihnen aber – noch – nicht gelungen ist.
- Was Krempel bewirkt und was er ist, kann gleichermaßen problematisch sein.
- Je mehr Sie sich von Krempel überwältigt und wie erschlagen fühlen, desto schwerer fällt es Ihnen, sich von Krempel zu trennen.
- Der Entkrempelungsprozess ist getrennt zu sehen von Saubermachen, Aufräumen oder Organisieren.

**Checkliste „Krempelkategorien“**

Versehen Sie die Punkte mit einem doppelten Häkchen, die Ihnen Ihrer Meinung nach die schlimmsten Krempelprobleme bereiten. Versehen Sie jene Punkte mit einem einfachen Häkchen, die ein geringeres, aber dennoch merkliches Maß an Krempel verursachen. (Benutzen Sie hierbei nach Möglichkeit einen Bleistift oder ausradierbaren Stift.)

**Papiere**

___ Adressen und Telefonnummern
___ Bankgeschäfte (Ausdrucke von Elekctronic Banking, Kontoauszüge, Schecks etc.)
___ Broschüren und Handzettel
___ Visitenkarten
___ Kalender
___ Cartoons
___ Kataloge
___ Zeitungsausschnitte
___ Gutscheine
___ Briefwechsel
___ Glückwunschkarten
___ Post (Rechnungen, Werbeschreiben etc.)

___ Zeitschriften
___ Landkarten
___ Zeitungen
___ Notizen und Listen
___ Bezahlte Rechnungen
___ Quittungen
___ Rezepte
___ Schulunterlagen
___ Sonstiges: ________________________________

**Vorräte**
___ Künstlerisches und Handwerkliches/Hobbys
___ Taschen
___ Bad und Küche (Papier- und Kunststoffprodukte)
___ Schachteln
___ Kerzen
___ Reinigung und Wäsche
___ Computerzubehör
___ Kochen/Essen
___ Kosmetik und/oder Körperpflegeartikel
___ Elektrozubehör (Batterien, Glühbirnen, Verlängerungskabel)
___ Gartenartikel
___ Geschenkpapier/Bänder
___ Büro
___ Verpackung/Versand
___ Party/Unterhaltung
___ Haustier
___ Sonstiges: ________________________________

**Haushalt**
___ Geräte und/oder Apparate
___ Bücher
___ CDs und/oder Musikkassetten und/oder LPs
___ Sammlungen oder Schnickschnack
___ Dekorationen (Feiertage etc.)
___ Ess- und Küchenzubehör (Geschirr, Gläser, Besteck, Nahrungsmittelbehälter)
___ Dinge im Zusammenhang mit Besorgungen
___ Möbel, Einrichtungsgegenstände

___ Glückwunschkarten/Briefpapier
___ Bettwäsche/Handtücher
___ Erinnerungsstücke
___ Fotos/Negative/Dias
___ Dinge, die mit Schule und Ausbildung zusammenhängen
___ Sportsachen und/oder Trainingsausrüstung
___ Werkzeuge
___ Spielsachen und/oder Spiele
___ Vasen und/oder Kerzenhalter
___ Videos und/oder DVDs
___ Sonstiges: ______________________________________

**Kleidung und Accessoires**
___ Oberbekleidung (Hosen, Hemden, Anzüge, Kostüme, Kleider)
___ Gürtel
___ Handschuhe
___ Hüte, Mützen
___ Schmuck
___ Mäntel, Jacken
___ Handtaschen/Einkaufstaschen/Aktenmappen
___ Schals/Krawatten
___ Schuhe
___ Unterwäsche
___ Sonstiges: ______________________________________

**Checkliste „Krempelbereiche“**

Versehen Sie die Bereiche, die Ihres Erachtens Ihr schlimmstes Krempelproblem darstellen, mit einem doppelten Häkchen. Versehen Sie diejenigen, die ein geringeres, aber dennoch spürbares Maß an Krempel hervorrufen, mit einem einfachen Häkchen. Wenn es mehr als einen bestimmten Bereich (etwa Schlafräume) gibt, listen Sie diese in den vorgegebenen freien Zeilen auf. (Benutzen Sie nach Möglichkeit einen Bleistift oder ähnlichen Stift.)

*Beispiel: Schlafräume: Elternschlafzimmer; Marys Zimmer*

___ Mansarde
___ Keller

___ Badezimmer: ________________________________________
___ Schlafzimmer: ______________________________________
___ Aktenmappe oder Einkaufstasche
___ Auto/Fahrzeug
___ Kinderzimmer: ______________________________________
___ Schränke: __________________________________________
___ Arbeitszimmer
___ Essbereich
___ Unterhaltungsbereich
___ Eingangsbereich
___ Garage
___ Gästezimmer
___ Diele
___ Heimbüro
___ Küche/Speisekammer
___ Wohnzimmer
___ Geldbeutel
___ Stauraum/-räume
___ Arbeitsplatz (Geschäft oder Beruf)
___ Hof
___ Sonstiges: _________________________________________

## Teil II

# Die Gegenwart

## Wie Sie mit Ihrem gegenwärtigen Krempel umgehen sollten

# Kapitel 3

# Bannen Sie Ihre „Energieräuber"

*Wenn Sie Ihren Krempel entsorgen, besteht ein entscheidender Schritt darin, wirksame Quellen der Motivation zu entdecken. Weshalb? Weil Motivation Ihnen hilft, voller Energie zu bleiben; ohne sie ist es fast unmöglich, in die Gänge zu kommen und weiterzumachen.*

**Überblick**

Dieses Kapitel zeigt Ihnen, wie Sie sich motivieren und motiviert bleiben, damit Sie sich von Krempel trennen können – jetzt und in Zukunft. Motivation verleiht Ihnen die Energie, jedes Entkrempelungsprojekt in Angriff zu nehmen; sie verleiht Ihnen auch die Kraft, selbst dann weiterzumachen, wenn Ihnen jene Projekte endlos lang vorkommen. Mit folgenden Methoden können Sie Ihre Motivation befeuern:

1. Rechnen Sie sich Ihre Verdienste an.
2. Konzentrieren Sie sich und visualisieren Sie.
3. Setzen Sie Geräuscheffekte ein.
4. Belohnen Sie sich selbst.
5. Beziehen Sie andere mit ein.

## Energie versus Motivation

Mitten in einem meiner Workshops meldete sich ein junger Mann in der letzten Reihe zu Wort: „Mein größtes Problem ist es, dass ich anscheinend nicht über die nötige Energie verfüge, um mich mit meinem Krempel zu beschäftigen", sagte er matt. „Ich fange an, mich durch einen Stapel zu wühlen und dann ..." Er rollte mit den Augen und sackte dann absichtlich in sich zusammen, um Erschöpfung vorzuspielen, und ich lachte zusammen mit den Teilnehmern voll Mitgefühl, weil uns das so bekannt vorkam.

Ich war froh, dass er das Thema zur Sprache gebracht hatte. Denn so wurde ich daran erinnert, dass ich das, was ich die *Ener-*

*gieräuber* nenne, nicht erwähnt hatte: jene nervenaufreibenden Gefühle, die den Entkrempelungsprozess verhindern und nachhaltig stören können:

- Angst
- Langeweile
- Abgelenkt sein
- Erschöpfung
- Trauer
- Hoffnungslosigkeit
- Überwältigtsein
- Widerstand

**Ärztliche Anweisungen**

Wenn es Ihnen allgemein an Energie mangelt – nicht nur, wenn Sie über Ihren Krempel nachsinnen –, sind Sie vielleicht reif für eine gründliche ärztliche Untersuchung. Es gibt eine Menge möglicher Gründe für Ihre Beschwerden: Blutarmut, Schlafmangel und Depressionen sind drei der häufigsten Ursachen. Wenn Ihr Arzt Ihnen eine gute Gesundheit bescheinigt, können Sie wahrscheinlich beruhigt sein, dass Ihnen nichts fehlt – außer dass Sie vielleicht an derjenigen – heilbaren – Krankheit leiden, die ich *Entkrempelungszögeritis* nenne.

Es gibt zwei ungemein effektive Methoden, mit denen Energieräuber Ihre Entkrempelungspläne zunichte machen können: indem sie Sie stoppen, noch ehe Sie anfangen, und indem sie Sie vom Weitermachen abhalten. Was können Sie also tun, um sie abzuwehren und diese Sie beeinträchtigenden Gefühle zu besiegen?

Eine Antwort: Motivieren Sie sich. Motivation befeuert die Energie: Wenn Sie motiviert sind, fühlen Sie sich kompetent, und wenn Sie sich kompetent fühlen, schöpfen Sie Energie.

## Wie Sie in die Gänge kommen und weitermachen

Während meines jahrelangen professionellen Entrümpelns habe ich verschiedene effektive Verfahren zur Aufrechterhaltung der Motivation entdeckt. Bei einigen dieser Verfahren handelt es sich um Übungen zur Verbesserung der Einstellung, bei anderen um handlungsorientierte Tätigkeiten. Manche Methoden eignen sich besser dazu, Sie überhaupt erst einmal zum Handeln zu bringen, während andere Sie zum Weitermachen motivieren können. Verschiedene Methoden funktionieren für unterschiedliche Leute zu verschiedenen Zeiten.

## Motivationsverfahren, die Ihnen das Entrümpeln erleichtern

### 1. Rechnen Sie sich etwas als Verdienst an

Bekämpft Hoffnungslosigkeit und Angst

Wenn Sie sich wegen Ihrer vergangenen Fehlschläge und/oder der zu erwartenden geißeln, geht auch Ihr Energieniveau in den Keller.

**Hört sich das vertraut an?**

„Darauf verstehe ich mich nicht ... Ich kann mich nicht entscheiden ... Ich kann diese Stapel nie abtragen ... Was soll's, es ist sowieso hoffnungslos ..." Dieses Krempel-Mantra besiegt Sie, noch ehe Sie irgendetwas anfangen, indem es Ihre Energie in Überdruss und Unzufriedenheit verwandelt.

Viele von uns neigen dazu, ihre Aufmerksamkeit darauf zu konzentrieren, Mängel wahrzunehmen, während sie die Dinge, die sie gut machen oder die ihnen leicht von der Hand gehen, unter den Tisch fallen lassen. Vielleicht merken Sie nicht einmal, dass Sie das tun, weil es sich hierbei um ein heimtückisches Verhaltensmuster handelt und überdies um ein häufiges. Aber je mehr wir diesem Verhaltensmuster folgen, desto mehr sabotieren wir uns und desto schwerer fällt es uns, Anstrengungen zu unternehmen, durch die wir die Dinge verbessern. (Ich meine damit nicht, dass Sie Ihren Fehlern und Patzern keinerlei Aufmerksamkeit widmen sollten; meines Erachtens verdienen Ihre guten Eigenschaften und Triumphe aber zumindest ebenso viel Zeit.)

Sie können dieses Demotivationsmuster durchbrechen, indem Sie sich bewusst anstrengen, sich für das, was Sie gut machen, Anerkennung zu zollen. Beginnen Sie bei den einfachen Gewohnheiten, die Sie für selbstverständlich halten. Vielleicht bezahlen Sie zum Beispiel Ihre Rechnungen geradezu pedantisch pünktlich; oder vielleicht gelingt es Ihnen mühelos, Ihre neuen Einkäufe sofort wegzuräumen (Lebensmittel, Vorräte, Kleider), sobald Sie sie heimbringen, oder vielleicht lassen Sie nie viel Schmutzwäsche zusammenkommen.

Auf solche Gewohnheiten sind Sie womöglich neidisch, wenn Sie sie nur bei anderen beobachten; wenn Sie sie jedoch selbst haben, sind sie für Sie „keine große Sache" oder „doch nicht der Rede wert". Aber erkennen Sie dies: Diese „Nicht der Rede wert" sind die Kleinigkeiten, die, wenn sie fehlen, zur Verkrempelung Ihres Lebens beitragen.

Mir gefällt ein Ausspruch sehr gut:

„Das Leben besteht aus fünf Prozent Freude, fünf Prozent Kummer und 90 Prozent Bewältigung der alltäglichen Dinge." Denken Sie darüber nach – 90 Prozent unseres Tuns bestehen aus Dingen, die wir unentwegt immer und immer wieder machen. Meinen Beobachtungen zufolge kommen die meisten Leute mit ihren 90 Prozent im Großen und Ganzen ganz gut zurecht. Das Problem besteht darin, dass Krempel einen überrollen kann, wenn es an der Instandhaltung und Wartung auch nur in einigen Lebensbereichen hapert. (Dann werden die zu dem Segment der fünf Prozent Kummer.)

Wetten, dass Sie bereits viele Dinge richtig machen – selbst wenn Sie nicht dieser Meinung sind. Egal, für wie verkrempelt, unorganisiert oder unordentlich Sie sich womöglich halten, so haben Sie doch wahrscheinlich bestimmte Gewohnheiten, die Ihnen durchaus dabei helfen, in mehr als einem Ihrer Lebensbereiche gut zurechtzukommen. Wenn Sie jene Gewohnheiten anerkennen und sich als Verdienst anrechnen, gibt Ihnen das Auftrieb und motiviert Sie, sich in anderen Bereichen zu verbessern. Sehen Sie, wenn Sie sich wegen Ihrer Krempelgewohnheiten ständig geißeln und Schuldgefühle entwickeln, drücken Sie sich nur nieder; aber wenn Sie sich auf die Schulter klopfen, verleiht Ihnen dies Auftrieb.

Die beiliegende Checkliste „Haushalts- und Körperpflege“ dient zwei Zielen. Sie soll Ihnen helfen,

1. anzuerkennen, was und wie viel Sie im Bereich „Instandhaltung und Wartung“ bereits richtig machen, und
2. zu erkennen, welche speziellen Bereiche Sie für eine Verbesserung anpeilen möchten.

**Tipp:** Wenn Sie sich dazu entschließen, irgendwelche Bereiche verbessern zu wollen, empfehle ich, täglich, wöchentlich oder saisonal Zeiten für die „Bewältigung der alltäglichen Dinge“ anzusetzen, damit Sie die in diesem Bereich anfallenden Aufgaben regelmäßig erbringen.

**Checkliste „Haushalts- und Körperpflege“**

1. Versehen Sie jede Aufgabe oder jeden Bereich, die bzw. den Sie Ihrem Gefühl nach gut genug pflegen oder instand halten, mit einem Häkchen (✓). Kreuzen Sie jede Aufgabe, die Sie gern besser und/oder regelmäßiger ausführen würden, an (X). Ignorieren Sie alle Aufgaben, die mit Ihrer gegenwärtigen Lebenssituation nichts zu tun haben.
2. Zählen Sie die Häkchen und die Kreuzchen jeweils zusammen.
   ✓: _____ X: _______
3. Rechnen Sie sich alle Aufgaben, die Sie gut verrichten, positiv an. (Anregungen für Belohnungen finden Sie weiter hinten in diesem Kapitel.)
4. Setzen Sie regelmäßige Zeiten für Pflege und Instandhaltung für jene Aufgaben oder Bereiche an, in denen Sie sich gerne verbessern würden; oder prüfen Sie, ob Sie irgendwelche davon delegieren können (z. B. an Familienmitglieder oder Dienstleister).

**Schlafzimmer**

___ Betten machen
___ Betten neu beziehen
___ Sonstiges: ________________________________________

**Saubermachen, allgemein**

___ Badezimmer putzen
___ Abstauben
___ Staubsaugen
___ Böden wischen
___ Fenster putzen
___ Sonstiges: ______________________________

**Entrümpeln und Organisieren**

___ Dinge wegräumen
___ Schränke, Kommoden, Schubladen etc. neu einräumen
___ Überflüssige Gegenstände ausrangieren
___ Ablagen durchforsten
___ Neue Ablagen einrichten
___ Sonstiges: ______________________________

**Besorgungen**

___ Kleidung in die Reinigung bringen/von dort abholen
___ Gang zur Bank
___ Baumarkt oder andere häufig frequentierte Geschäfte
___ Dinge zurückbringen (Bibliotheksbücher, ausgeliehene Videos, Leergut etc.)
___ Sonstiges: ______________________________

**Arbeitszimmer/Geschäftliches**

___ Erledigung der eingehenden Post
___ Bezahlung von Rechnungen
___ Ablegen/Umgang mit Papierkram für den Haushalt
___ Korrespondenz (einschließlich E-Mails)
___ Erledigung der Geldangelegenheiten (z. B. Konto ins Plus bringen, Haushaltsplan erstellen, Investitionen überprüfen)
___ Computer (Kopien anlegen, alte Dateien löschen etc.)
___ Lesen
___ Planung/Zeiteinteilung
___ Sonstiges: ______________________________

**Küche**

___ Planung der Mahlzeiten
___ Lebensmitteleinkauf
___ Verstauen der Lebensmittel

___ Kochen
___ Tisch decken und abräumen
___ Abspülen/Spülmaschine beladen
___ Abtrocknen/Spülmaschine ausräumen
___ Geschirr einräumen
___ Saubermachen/Putzen
___ Sonstiges: ________________________________________

**Wäschepflege**
___ Schmutzwäsche einsammeln und sortieren
___ Waschmaschine/Trockner beladen
___ Saubere Wäsche zusammenlegen
___ Bügeln/dämpfen
___ Saubere Wäsche wegräumen
___ Knöpfe annähen, Säume reparieren, Löcher flicken etc.
___ Sonstiges: ________________________________________

**Außenbereich/Garten**
___ Rasen mähen
___ Unkraut jäten
___ Gießen/düngen
___ Sonstiges: ________________________________________

**Haustiere**
___ Füttern
___ Haustier baden/bürsten
___ Den Hund Gassi führen
___ Hinter dem Hund herputzen
___ Katzenklo sauber machen, Aquarium/Käfige etc. sauber machen
___ Tierarztbesuche
___ Sonstiges: ________________________________________

**Jahreszeitlich bedingt**
___ Geschenke kaufen
___ Dankbriefe schreiben
___ Geschenke einpacken
___ Einladungen (Planung und Ausführung)
___ Dekorationen aufhängen
___ Dekorationen abhängen
___ Sonstiges: ________________________________________

**Müll/Recycling**

___ Im Haus Müll einsammeln und nach draußen in die Tonnen bringen
___ Mülltonnen zur Leerung hinausstellen
___ Recyclingmüll hinausstellen (sofern es bei Ihnen diesen Service gibt)
___ Recyclingmüll zur Sammelstelle bringen
___ Sonstiges: ________________________________

**Auto(s)**

___ Reifen überprüfen/wechseln
___ Autos zum Kundendienst bringen
___ Öl/Flüssigkeiten überprüfen/wechseln
___ Waschen/polieren
___ Kofferraum, Handschuhfach, Sitze etc. ausräumen
___ Sonstiges: ________________________________

**Andere, hier nicht aufgeführte Wartungsarbeiten**

________________________________________________

________________________________________________

________________________________________________

________________________________________________

________________________________________________

________________________________________________

## 2. Konzentrieren Sie sich und visualisieren Sie

**Bekämpft das Gefühl, abgelenkt und ganz erschlagen zu sein**

Wenn Sie sich angesichts des Umfangs Ihres Krempels ganz erschlagen fühlen, ist die Entscheidung, wo Sie anfangen sollen, womöglich sehr schwierig. Allein das Nachdenken über einen Haufen voller Zeug, geschweige denn einen ganzen Haushalt, kann dazu führen, dass Sie eine lähmende Entscheidungsunlust überkommt. Während Ihr krempelumflorter Blick von einer Stelle (oder einem Haufen) zur nächsten schweift, fliegt Ihre Aufmerksamkeit wie ein Pingpongball hin und her und Ihre Konzentration und Motivation lassen nach. In der Zwischenzeit gehen Zeit, Energie und gute Absichten den Bach hinunter.

Sie können das Gefühl, ganz erschlagen zu sein, überwinden, indem Sie Ihr Entkrempelungsprojekt in kleinere Teile zerlegen und sich die erwünschten Ergebnisse bildhaft vorstellen. Diese Methode verleiht Ihnen ein Gefühl der Konzentration, und Konzentration führt zu Motivation. Probieren Sie die folgenden drei Schritte der Konzentration aus.

*Schritt eins:* Wenn es Ihnen möglich ist, machen Sie jetzt gleich „Vorher"-Bilder Ihres Krempels. (Beachten Sie bitte: Wenn Sie keinen funktionierenden Fotoapparat haben und auch nicht leicht einen besorgen können, dürfen Sie diesen Schritt auch überspringen. Ich möchte nicht, dass Sie dies als Verzögerungstaktik missbrauchen und dann mir die Schuld zuschieben.) Knipsen Sie jeden „Krempelhaufen" oder jeden Problembereich mindestens einmal. Sollten Sie übrigens in der nächsten Zeit keine Zeit haben, den Film entwickeln zu lassen, ist das auch in Ordnung. Der Blick durch die Linse ist nämlich das, was Ihnen zur Konzentration verhilft. Die Fotos selbst werden Sie erst später besser motivieren, nachdem Sie bereits sichtbare Fortschritte erzielt haben.

*Schritt zwei:* Lesen Sie sich noch einmal die vollständigen Checklisten in Kapitel 2 durch. Weil der Blick durch die Kameralinse in Schritt eins Sie vielleicht dazu gebracht hat, einige Ihrer Antworten neu zu bewerten, möchten Sie in den Checklisten vielleicht etwas neu abhaken oder manche Kreuze oder Häkchen streichen. (Hoffentlich haben Sie mit Bleistift geschrieben!) Dann listen Sie Ihre Krempelprioritäten unten auf. Unter „Prioritäten" verstehe ich die Dinge, die Ihnen am meisten Probleme bereiten.

Entkrempelungsprioritäten (Gegenstände/Bereiche)
1. ______________________________
2. ______________________________
3. ______________________________

*Schritt drei:* Jetzt sind Sie bereit für die Erstellung Ihres Konzentrationsplans. Mit Hilfe des Konzentrationsplans auf den folgenden Seiten werden Sie sich leichter darauf konzentrieren können, weshalb Sie Krempel entsorgen möchten, welche Vorteile Sie daraus ziehen werden, wie Sie dabei vorgehen werden und bis wann Sie das Projekt abschließen wollen. Es ist nicht leicht, dieses Formular auszufüllen, aber sobald Sie sich daranmachen, werden Sie motivierter denn je sein, mit dem Entsorgen anzufangen.

### Wie wichtig es ist, die gewünschten Ergebnisse zu visualisieren

Zu sehen, auf was man hinarbeitet, motiviert einen. Deshalb schauen wir uns so gerne „Vorher-“ und „Nachher“-Bilder an; sie vermitteln uns eine Vorstellung dessen, was möglich ist. Aber wie schaffen Sie Ihr eigenes „Nachher“-Bild, wenn Sie noch mitten im qualvollen „Vorher“ stecken? Wie können Sie eine Oase der Ordnung heraufbeschwören, wenn Sie andauernd ein fürchterliches Tohuwabohu anstarren? Versuchen Sie es auf folgende Weise:

- Skizzieren Sie auf einem leeren Blatt Papier, wie Ihr Zimmer aussehen sollte, nachdem es entrümpelt und umgeräumt ist. Zeichnen Sie je nach Belieben einfach oder ruhig auch künstlerisch; lassen Sie sich nicht dadurch zurückhalten, dass es Ihnen angeblich an künstlerischen Fähigkeiten mangelt.
- Wenn Sie gerne Collagen anfertigen oder Bilder aufbewahrt haben, die Sie gern für Ihre Skizze verwenden würden, nur zu – sofern es nicht länger dauert, die Ausschnitte zu finden, als Sie für die ganze Collage brauchen würden. (Erinnerung für kreative Zauderer: *Machen* Sie einfach die Übung. Sie muss nicht perfekt ausfallen; Sie werden dafür schließlich nicht benotet.)
- Stellen Sie sich vor, wie Sie sich fühlen werden, wenn Sie sich erst von dem getrennt haben, womit derzeit dieser Raum oder Ort voll gestopft ist. Schließen Sie die Augen und stellen Sie sich vor, wie Sie dort etwas Vergnügliches und/oder Produktives machen. (Beachten Sie bitte: Nichtstun läuft unter „etwas Vergnügliches machen“.) Genießen Sie es, wie gut es sich anfühlt, sich in einem Raum aufzuhalten, den Sie aus den Fängen des Krempels gerettet haben.

### Von der Visualisierung zum sichtbaren Resultat

Motivieren Sie sich, indem Sie schnell sichtbare Ergebnisse schaffen: Beginnen Sie mit dem Entrümpeln des leichtesten oder sichtbarsten Krempelbereichs oder -teilbereichs.

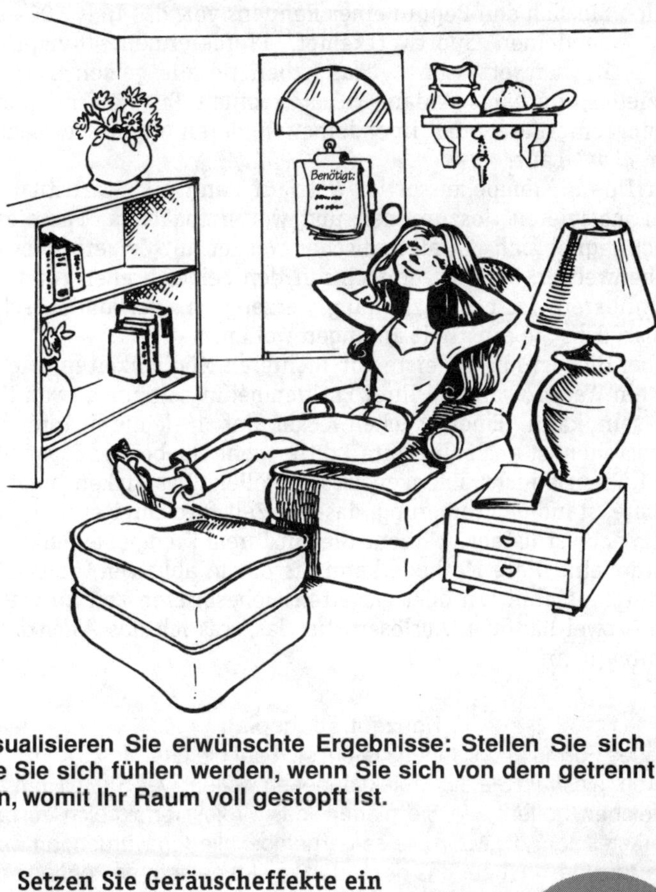


**Visualisieren Sie erwünschte Ergebnisse: Stellen Sie sich vor, wie Sie sich fühlen werden, wenn Sie sich von dem getrennt haben, womit Ihr Raum voll gestopft ist.**

## 3. Setzen Sie Geräuscheffekte ein

Bekämpft Langeweile und Abgelenktsein

Die Entscheidung, wo man anfängt, ist wichtig, macht aber nur einen Teil des Krempelprojekts aus. Wenn man gerne in die Gänge kommen möchte, aber nicht weiß, wann und wie man anfangen soll, ist es fast so, als lasse man einen Motor auf Vollgas laufen, ohne einen Gang einzulegen.

Stellen Sie sich den Beginn eines Rennens vor: das Indy 500 etwa oder irgendeinen Sportwettkampf. Pferderennen, Olympische Spiele, Kuchenwettessen ... Was haben sie alle gemeinsam? Ein offizielles, hörbares Anfangsritual – einen Pistolenknall, eine Trompetenfanfare oder irgendeinen anderen unmissverständlichen *„Los"*-Laut.

In Ihrem Krempelaussortier-Wettlauf kann ein Startritual Sie dazu motivieren, loszurennen und weiterzumachen. Für diesen Zweck eignet sich ein altmodischer Wecker mit Zeigern oder ein Küchenwecker. Dass Sie einfach nur den Zeiger drehen (und den erkennbaren „sc-c-ritchzz-Klang" erzeugen), verkündet schon hörbar, dass Sie ernsthaft anfangen wollen.

Aber dies ist nur die erste von mehreren Möglichkeiten, wie Ihnen ein Wecker während Ihrer Entkrempelungssitzungen von Nutzen sein kann. Einen Küchenwecker auf 15-Minuten-Intervalle einzustellen ist auch eine gute Taktik, wenn Sie bei der Sache bleiben und sich nicht ablenken lassen wollen. Das Ticken dient als hörbare, ständige Erinnerung, dass die Zeit fortschreitet und nicht Ihretwegen stillsteht, während Sie mit Ihrem Krempel lediglich herumtändeln. Diese Methode kann Sie davon abhalten, über alten Zeitungsausschnitten oder gar alten Liebesbriefen Zeit zu vertrödeln – zwei häufigen Auslösern für das, was ich das *Ablenkungssyndrom* nenne.

**Konzentrationsplan**

Dieses Formular soll Ihnen helfen, sich auf die Gründe zu konzentrieren, *weshalb* Sie ein Projekt angehen wollen; *was* Sie mit ihm zu erreichen hoffen; *wie* Sie planen, das Projekt erfolgreich zu bewerkstelligen, *bis wann* Sie es gerne abschließen würden, an *wen* Sie Teile davon (oder das gesamte Projekt) delegieren können und was es *kostet*. Seien Sie so exakt wie nur möglich.

Projektbeschreibung/Arbeitstitel: ______________________

______________________________________________

______________________________________________

Zweck (Weshalb): ______________________________

______________________________________________

______________________________________________

Ziel (Was): ________________________________________

________________________________________

Plan (Wie): ________________________________________

________________________________________

Termin/Frist (Wann): ________________________________

________________________________________

Delegieren (An wen): ________________________________

________________________________________

Entstehende Kosten (Produkte oder Dienstleistungen): ________

________________________________________

Vorteil(e)/Belohnung(en) und/oder negative Anreize: __________

________________________________________

________________________________________

________________________________________

**Setzen Sie sich eine Frist für das Entkrempelungsprojekt**

Manchmal braucht man mehr als eine Warnung, die sich alle 15 Minuten wiederholt, damit man weitermacht. Eine Fristsetzung, die Sie wirklich in die Verantwortung nimmt, kann die Lösung sein. Ich möchte Ihnen einige effektive Möglichkeiten zur Fristsetzung nennen:

- Laden Sie sich Gäste ein.
- Verschicken Sie Einladungen zu einer Party.
- Kündigen Sie einen Flohmarkt an, der bei Ihnen stattfindet.
- Machen Sie einen Termin mit einem Dienstleister, wie einer Zugehfrau, einem Reparaturmechaniker, Kabelverleger etc., aus. (Beachten Sie bitte: Wenn Sie dazu neigen, Verabredungen abzusagen, nutzen Sie diese Möglichkeit der Fristsetzung lieber nicht, oder machen Sie nur Termine mit Leuten aus, die für abgesagte Termine Gebühren verlangen, auf diese Weise halten Sie den Termin eher ein.)
- Planen Sie, umzuziehen. (Zugegebenermaßen der letzte Strohhalm.)

Ein Küchenwecker ist ebenfalls nützlich, um sich daran zu erinnern, dass Sie Ihre Konzentration auf einen anderen Bereich verlagern oder mit einer Tätigkeit aufhören sollten, damit Sie rechtzeitig zu einer Verabredung kommen. Jenen lauten, eindringlichen Summton bsssssst, der „die Zeit ist um" auf eine unverkennbare Art verkündet, kann man kaum ignorieren. Wenn Sie sich ein kurzfristiges Ziel mit einem Küchenwecker setzen (etwa in 15 Minuten eine Schublade ausräumen), können Sie sich zudem motivieren, sich beim Kampf gegen die Uhr zu beeilen.

**Tipp:** Nehmen Sie wieder die Liste mit den Entkrempelungsprioritäten zur Hand, die Sie weiter vorne in diesem Kapitel erstellt haben, und schreiben Sie mit Bleistift neben jedem Punkt, wie lange Sie ungefähr dafür gebraucht haben. Wenn Ihr Küchenwecker schrillt, ehe ein Ziel erreicht ist, schätzen Sie kurz ab, wie viel zusätzliche Zeit Sie zur Beendigung brauchen werden. Dann stellen Sie den Wecker neu – und machen Sie weiter!

**Tanzen Sie den Entkrempelungstanz**

Musik stellt ein weiteres klangliches Hilfsmittel zur Motivation dar. Der richtige Rhythmus kann Ihnen Beine machen – und kann überdies Ihren Krempel in Bewegung setzen, wenn Sie sich erst einmal in Ihren „Wegwerf-Rhythmus" eingestimmt haben. Jede Art von Musik, die Sie in gute Stimmung versetzt und Sie auf Trab bringt, eignet sich gut als Entkrempelungshilfe. Aerobic-Kassetten, Marschmusik, Rock, Rap, Opern, Dudelsack, Beethoven – was auch immer Sie aufweckt und aufrüttelt.

### 4. Belohnen Sie sich

**Bekämpft Widerstand und Hoffnungslosigkeit**

Wenn Sie keinen wirklichen Anreiz verspüren, sich von Krempel zu trennen, fällt es Ihnen schwer, einen Anfang zu machen und dann am Ball zu bleiben. Das trifft vor allem dann zu, wenn Ihrer Meinung nach „eine gut erledigte Arbeit bereits eine Belohnung an sich darstellt", wie eine alte Redensart besagt. Ein Entkrempelungsprojekt, das wie eine lebenslange Aufgabe erscheint und bei dem am Ende des Tunnels kein Licht zu erkennen ist, könnte Sie geradezu demotivieren.

Sie können sich selbst Licht am Ende des Tunnels verschaffen, indem Sie sich ein Geschenk versprechen, das Ihnen einen Anreiz, die Sache voranzutreiben, gibt – etwas, was Ihre Aussichten erhellt (eine Lampe vielleicht). Anreize können stark motivieren. Die folgenden drei Schritte helfen Ihnen, Ihr eigenes Anreizprogramm zum Entrümpeln zu kreieren.

*Erstens, definieren Sie das Wort „getan“ neu.* Hinterfragen Sie Ihre Auffassung, dass eine Aufgabe „getan“ sei, wenn jeder Teil davon erledigt ist. Einige der von Ihnen ausgefüllten Checklisten und Formulare sollen Ihnen dabei helfen, Ihren Krempel in handhabbare Stücke zu zerlegen. Je nachdem, wie umfangreich Ihr Entkrempelungsprojekt ist, müssen Sie es in weitere Teile zerlegen oder auch nicht. Wenn Ihre Wohnung oder Ihr Büro etwa sehr groß ist und viele äußerst voll gestopfte Räume aufweist, ist es möglicherweise hilfreich, sich jedem Zimmer Abschnitt für Abschnitt zu widmen (etwa Schränke, Schubladen, Boden etc.).

Natürlich könnten Sie im Idealfall alle Teilbereiche in allen Räumen in nur einer Sitzung erledigen, und dann wäre es „getan“. (Nur zu, träumen Sie ruhig!) Aber nehmen wir mal an, Sie gehören zu den normalen, viel beschäftigten Lebewesen auf dieser Erde, so dürfte es realistischer sein, dass Sie pro Sitzung einen oder mehrere Teilbereiche schaffen. Definieren wir also *„getan“* um in ____ *(Teile davon) erledigt* (bitte füllen Sie die Leerzeile aus).

*Dann setzen Sie sich Mini-Ziele.* Ehe Sie sich an die Arbeit machen, entscheiden Sie, welche Teilbereiche Sie am Ende der Sitzung erledigt haben möchten. Notieren Sie jetzt bis zu drei Mini-Ziele samt angepeilter Frist für jedes Ziel, etwa:

1. Obere Schreibtischschublade – 15 Minuten
2. Unter dem Schreibtisch – 20 Minuten
3. Schreibtischoberfläche – 30 Minuten

Sie brauchen dafür kein besonderes Formular; schreiben Sie es einfach auf ein Stück Schmierpapier, das Sie in Unmengen angesammelt haben.

*Schließlich suchen Sie sich Ihre Belohnungen aus.* Jetzt müssen Sie darüber nachdenken, wie Sie Ihren Erfolg jeweils nach Abschluss eines Ihrer Mini-Ziele feiern wollen. Es motiviert Sie, wenn

Sie Belohnungen vor Augen haben: mit ihrer Hilfe erkennen Sie leichter Ihre Leistungen an, die Sie sich vielleicht ansonsten absprechen würden.

**Bestechen Sie das Kind in Ihnen**

Wenn es um das Aussortieren von Kram geht, meldet sich manchmal das Kind in Ihnen recht deutlich zu Wort: „Dazu bringst du mich nicht!" In diesem Fall denken Sie daran, dass es vielleicht am besten ist, das Kind in Ihnen zu bestechen. Das ist viel einfacher, als sich mit dem kleinen Ungeheuer herumzustreiten.

Belohnungen müssen weder Geld kosten noch viel Zeit in Anspruch nehmen. Das Belohnungsformular auf den folgenden Seiten soll Ihnen Anregungen für Anreize geben, mit denen Sie sich zu Ihren Entkrempelungsleistungen motivieren können.

**Verabschieden Sie sich von vergangenen Entscheidungen**

Wenn Sie bei sich Widerstand gegen das Aussortieren bemerken, halten Sie einen Augenblick lang inne und nehmen Sie eine Inventur Ihrer Gefühle vor. Fühlen Sie sich unbehaglich, in Abwehrhaltung oder wütend? Diese Gefühle geben dem Widerstand Nahrung, einem häufigen Energiefeind. Bleiben Sie fünf Minuten lang still sitzen und denken Sie über die Gründe für diese Gefühle nach. Vielleicht fühlen Sie auf einer unbewussten Ebene, Ihnen werde irgendwie Unrecht zugefügt? Aber das Loslassen von vergangenen Entscheidungen bedeutet nicht unbedingt, dass Sie eine schlechte oder dumme Wahl getroffen oder dass Sie damals etwas falsch gemacht haben. Es bedeutet lediglich, dass Sie aus dieser Entscheidung herausgewachsen und jetzt bereit sind, weiterzuziehen. Akzeptieren Sie, dass die Entscheidung, sich jetzt von etwas zu trennen, Ihren ursprünglichen Impuls nicht entwertet.

**Belohnungen**

„Tugend belohnt sich selbst.“ Vielleicht – aber manchmal brauchen wir andere Arten der Motivation! Nehmen Sie sich vor, sich jedes Mal etwas Besonderes zu gönnen, wenn Sie etwas erfolgreich erledigt haben, das Sie vorher hinausgezögert haben, oder wenn Sie ein Projekt teilweise (oder ganz) abgeschlossen haben.

Es folgen einige Belohnungskategorien. In die Leerzeilen schreiben Sie bitte die speziellen Arten von Belohnungen, die Ihnen zusagen. Die Belohnungen sollten Ihrem Budget entsprechen und zu Ihrem Lebensstil und der verfügbaren Zeit passen.

*Orte, die man aufsuchen kann:*
Ideen: Kunstgalerien, Spazierfahrt durch eine schöne Landschaft, Buchhandlungen, Museen, Parks, Schaufensterbummel

________________________________________

*Kunst/Unterhaltung:*
Ideen: Kabarett oder Comedy, Konzerte, Tanz, Kino, Theater, Videos

________________________________________

*Zum Lesen/Anhören:*
Ideen: Bücher, CDs/Musikkassetten/LPs, Vorträge/Kurse, Zeitschriften

________________________________________

*Geschenke:*
Ideen: Blumen, Kekse, Wein

________________________________________

*Romantik:*
Ideen: Abendessen bei Kerzenschein, Schaumbad, Massage

________________________________________

*Verschiedenes:*
Was Ihnen einfällt

________________________________________

### 5. Beziehen Sie andere mit ein

**Bekämpft Erschöpfung und Kummer**

Wenn Sie gerne mit anderen Leuten zu tun haben und nicht gerne viel allein sind, fühlen Sie sich bei der Aussicht, ganz alleine – nur Sie und Ihre Stapel – entrümpeln zu müssen, möglicherweise erschöpft und matt, noch bevor Sie angefangen haben. Oder vielleicht sind Sie kein Partylöwe, aber Sie müssen anderen gegenüber eine Verpflichtung eingehen, um tatsächlich etwas zu erledigen; zum Beispiel können manche Leute nur dann einen Fitnessplan durchziehen, wenn sie einen Sportkameraden haben, mit dem zusammen sie trainieren.

Warum suchen Sie sich also nicht einen „Krempelkameraden"? Wenn Freunde von Ihnen über ihren Krempel jammern, fragen Sie sie, ob sie sich nicht mit Ihnen zum Entrümpeln zusammentun wollen. Wenn Sie niemanden kennen, mit dem zusammen Sie gerne entrümpeln würden, ist es vielleicht an der Zeit, sich um professionelle Hilfe zu bemühen.

## Eine Sache von Leben und Tod

Es stimmt: Entrümpeln kann selbst unter den besten Bedingungen eine beängstigende, erschreckende und entmutigende Angelegenheit sein. Aber unter den schlimmsten Bedingungen – etwa nach dem Tod eines geliebten Menschen – erscheint es oft als eine unmögliche Aufgabe, die viel zu schmerzvoll ist, als dass man sie alleine bewältigen könnte.

Sowohl Trauer als auch Erschöpfung sind Energieräuber und machen einen oft taub für die meisten Motivationsprozesse. Manchmal treten diese Gefühle gemeinsam auf oder zusammen mit einem oder allen der anderen Energieräuber. Die Besitztümer eines geliebten Verstorbenen durchsehen zu müssen, während man trauert, gehört zum Schwierigsten überhaupt. Meiner Erfahrung nach schafft man dies am besten mit Hilfe anderer, vorzugsweise von Menschen, die nicht so von Trauer erfüllt sind wie man selbst. Manchmal kann man Freunde oder sogar andere Familienmitglieder um Hilfe ersuchen, aber schauen Sie sich, wenn möglich, unbedingt nach einer neutralen Hilfe um, wie einem Nachlassauflöser oder jemandem, der berufsmäßig Hilfe beim Entrümpeln anbietet.

(*Beachten Sie bitte*: In Anzeigenblättern finden Sie oft Inserate für derartige Dienstleistungen.)

Das Gleiche gilt, wenn Sie wirklich an Erschöpfung oder einer Krankheit leiden, die Ihnen das Entrümpeln erschwert oder unmöglich macht. Dann kommt es auf die Einbeziehung anderer ganz besonders an.

## Motiviert durch Schmerz

Die in diesem Kapitel beschriebenen Motivationsmethoden haben bereits vielen Menschen beim Ausrangieren ihres Krempels geholfen. Hoffentlich helfen sie auch Ihnen. Aber es gibt noch eine weitere Motivationsquelle, für die nur Sie selbst sorgen können. Und dabei handelt es sich möglicherweise um die wirksamste überhaupt – den Schmerz. Denken Sie jetzt bitte bloß nichts Falsches – ich meine damit keine SM-Abart. Ich beziehe mich vielmehr auf emotionalen Schmerz.

Eines Tages entdeckte ich ein Zitat, das erklärt, warum manche Menschen, die sich nach eigenem Bekunden gerne von Krempel befreien würden, dazu einfach nicht in der Lage sind.

*Meines Erachtens ist Schmerz ein wichtiges Motivationsmittel bei dem Bestreben, sein Leben zu verbessern … niemand rührt sich, solange er nicht genug Schmerzen empfindet.*
Kenny Loggins (zitiert nach *Quiet Triumphs*)

Wenn Ihnen etwas weh genug tut, werden Sie dazu motiviert, letztendlich das zu tun, was getan werden muss, um etwas zu ändern. Aber wenn dieser Schmerz Sie nicht genügend beeinträchtigt – wenn Sie so, wie es ist, gut leben können –, sind Sie vielleicht nicht bereit für eine Veränderung.

Wenn Sie sagen: „Ich kann diesen ganzen Krempel nicht ausstehen, aber ich werde ihn anscheinend nicht los", geben Sie sich eine doppeldeutige Botschaft. So kommt es, dass Sie sich wegen Ihres Krempels ganz durcheinander fühlen. Meines Erachtens ist es viel gesünder, wenn man sich eingesteht: „Na ja, mir wäre es schon recht, wenn mein Leben nicht so voller Krempel wäre, aber ich kann Entrümpeln nicht ausstehen. Also mache ich es nicht. Ich lebe einfach so weiter wie bisher, und mir geht es dabei keineswegs schlecht."

Geben Sie sich also nicht länger doppeldeutige Botschaften, packen Sie das Entrümpeln entweder an oder entscheiden Sie sich dafür, dass Sie es sich mit Ihrem Krempel gut gehen lassen wollen. Es läuft alles darauf hinaus, dass Sie eine Entscheidung treffen. Sie haben ein Recht darauf, all Ihren Krempel zu behalten, aber dann müssen Sie auch mit dem Ergebnis leben. Wenn Ihnen die Ergebnisse nicht gefallen, verändern Sie die Entscheidung. Und wenn Sie nicht bereit sind für eine andere Entscheidung, geht es Ihnen wahrscheinlich nicht schlecht genug!

**In der Warteschleife**

Das Gute am Krempel ist, dass er auf Sie wartet. Das Schlechte daran ist, dass er auf Sie wartet. Er wartet und wartet einfach auf Sie, bis er Sie so sehr schmerzt, dass Sie etwas dagegen unternehmen.

## Zusammenfassung

- Wenn Sie das Gefühl haben, Sie hätten einfach nicht genug Energie, um gegen Ihren Krempel anzugehen, Sie aber gesund sind, mangelt es Ihnen vielleicht im Wesentlichen an Motivation.
- Emotionen, die Ihnen Energie rauben, können Sie durch eine Vielzahl von Motivationsmethoden begegnen.
- Das Leben besteht aus fünf Prozent Freude, fünf Prozent Kummer und 90 Prozent Bewältigung alltäglicher Dinge – rechnen Sie es sich als Ihren Verdienst an, dass Sie einen Großteil dieser 90 Prozent bewältigen können.
- Durch das Zerlegen Ihres Entkrempelungsprojekts in Teilbereiche erscheint Ihnen Ihr Entkrempelungsprojekt weniger überwältigend.
- Mit Hilfe eines tickenden Weckers und der richtigen Musik können Sie sich leichter dazu motivieren, anzufangen und am Ball zu bleiben.
- Gestehen Sie es sich ein, wenn Sie die Hilfe anderer brauchen.
- Wenn Sie anscheinend einfach nicht motiviert genug sind, sich von Krempel zu trennen, bereitet er Ihnen vielleicht zu wenig Schmerzen und Mühe.

# Kapitel 4

# Befreien Sie sich von Papier und verhindern Sie Stapel

Beim Entkrempeln kommt es besonders darauf an, dass Sie lernen, wie man überflüssiges Papier bannt. Weshalb? Weil Papierkrempel oft schwieriger als anderer Krempel zu entsorgen ist, da er sowohl Stress als auch Unordnung schafft.

**Überblick**

Dieses Kapitel zeigt Ihnen Techniken und gibt Tipps, wie Sie allen möglichen Papierkrempel besiegen können. Weil wir in einer Zeit der Informationsüberflutung leben, brauchen wir spezielle Systeme und Verfahren, die uns dabei helfen, uns von Papier zu befreien und es gar nicht erst zu Bergen anwachsen zu lassen. Diese Systeme und Verfahren umfassen:

1. Das Stapel-Verhinderungsprogramm in drei Schritten
2. Das Papiervernichtungsverfahren in drei Geschwindigkeiten

Die meisten Menschen, die meine Workshops besuchen und/oder mich zum Entrümpeln engagieren, haben Folgendes gemeinsam: Sie leiden an einer chronischen Krankheit, die ich *Papierosis verlegis* nenne. Diese Störung führt dazu, dass sich Papierberge auf allen verfügbaren Plätzen und Stellen ansammeln. Eine meiner an dieser Krankheit leidenden Klientinnen hatte sogar einen gewaltigen Stapel auf ihrem Reißwolf liegen. „Dahin lege ich Papiere, von denen ich glaube, dass ich sie vielleicht irgendwann einmal in den Reißwolf geben möchte", sagte sie mir allen Ernstes.

## Komprimierter Krempel

Bei einem Blick auf die Checkliste Krempelkategorien in Kapitel 2 sehen Sie, dass Papier nur eine von vier Kategorien (25 Prozent) darstellt. Dennoch beziehen sich fünf Punkte (50 Prozent) der Top Ten unter den Krempelfragen auf Papier: Post, Steuerunterlagen,

Zeitungs- und Zeitschriftenausschnitte, Papiere auf dem Schreibtisch und Andenken aus Papier (alte Karten und Briefe). Kein Wunder, dass so viele Leute klagen, sie fühlten sich „unter Papierbergen begraben".

Papier verursacht nicht nur eine unverhältnismäßig große Unordnung, sondern auch unverhältnismäßig viel Stress. Weswegen? Weil Papier oft zu – wie ich es nenne – komprimiertem Krempel erstarrt. Beispiel: Ein mittelhoher Stapel Papier – sagen wir, bis zu gut 30 Zentimeter hoch – kann mehr als tausend einzelne Blätter enthalten. Wenn Sie das mit einem gleich großen Haufen Krempel, der nicht aus Papier besteht und vielleicht etwa zehn Dinge umfasst (z. B. Kleidung, Spielsachen, Videokassetten), vergleichen, können Sie leicht nachvollziehen, warum Papier einen anscheinend regelrecht erschlagen kann.

**Sinnlose versus sinnvolle Stapel**

Papierstapel sind nicht unbedingt schlecht. Das hängt allein davon ab, ob sie Sie behindern oder Ihnen helfen. Wenn die Stapel einen positiven Zweck erfüllen (Ihren Schreibtisch im Winter wärmen?) und Sie genau wissen, wo Sie was auch immer darin finden, stellen sie vielleicht kein Problem dar. Aber wenn sie tatsächlich ein Symbol für Ihr Zaudern darstellen …

Lassen Sie sich Folgendes durch den Kopf gehen: Wenn Sie im Schnitt jedes Blatt in einem 30 Zentimeter hohen Stapel nur vier Sekunden lang ansehen, brauchen Sie für den ganzen Stapel wahrscheinlich mindestens eine Stunde. (Und ich gehe jede Wette ein, dass Sie meist um einiges mehr als vier Sekunden pro Seite darauf verwenden.) In derselben Zeit könnten Sie wahrscheinlich mehrere Berge von nicht aus Papier bestehendem Krempel durchforsten. Sie müssen den Umfang Ihrer Stapel berücksichtigen. Umfangreiche Stapel zu verkleinern nimmt einfach mehr Zeit in Anspruch, also kann es sehr lange dauern, bis Sie ein Ergebnis sehen. Und deshalb hat der Umgang mit Papierkrempel etwas so Erschreckendes.

## Die fünf Stapeltypen

Da wir immer weiter mit einer unendlichen Flut an Informationen bombardiert werden, werden die Stapel umfangreicher, höher und immer üppiger. Papierstapel pflanzen sich anscheinend schneller als Fruchtfliegen fort. In meiner jahrelangen Beschäftigung mit Papierstapeln habe ich erkannt, dass es fünf Arten sinnloser Stapel gibt:

1. **Der wachsende Stapel:** Er wächst immer mehr an, vor allem wenn man ihn ständig mit einer Diät aus ungeöffneter Post, Katalogen und Lesematerial, das nie gelesen wird, speist.
2. **Der stagnierende Stapel:** Er beginnt als ein wachsender Stapel, aber sein Wachstum wird gestoppt, nachdem man ihn hastig in eine Tasche, Kiste, Schublade oder einen Schrank gestopft hat (meist nachdem der panikerfüllte Schrei ertönte: „Es kommt Besuch!").
3. **Der sich verringernde Stapel:** Dieser Stapel zeigt Fortschritte: er wird kleiner und kleiner, weil Sie sich tatsächlich mit ihm beschäftigen, statt noch weiter etwas hinzuzufügen oder ihn zu verstecken. Leider erwächst aus diesem Stapel zwangsläufig ...
4. **Der destillierte Stapel:** Dieser Stapel hat die vorhergehenden Stadien durchlaufen, um knirschend anzuhalten, wenn sein Inhalt bis auf den Bodensatz durchsiebt wurde, der aus „Stapelkeimen" besteht – jenen letzten paar heiklen Papieren, die anscheinend dem Entscheidungsfindungsprozess entgleiten. Dies sind die Papiere, die endlos umgeschichtet werden, weil Sie sich einfach „nicht entscheiden können", was aus ihnen werden soll, und Sie einfach nie bereit sind, sie wegzuwerfen. Stapelkeime sind inaktiv, bis sie das Stadium des destillierten Stapels erreichen, in dem sie mit der Fortpflanzung beginnen. (*Wichtiger Hinweis*: Stapelkeime müssen abgetötet werden, um einen Stapel an der Fortpflanzung zu hindern. Für dringende Stapelkeimvernichtungstaktiken lesen Sie bitte „Die fünf W der Krempelkontrolle" weiter hinten in diesem Kapitel.)
5. **Der zweifach destillierte Stapel:** Dieser Stapel entsteht, wenn mehrere kleine, im Schlaf befindliche destillierte Stapel herumliegen und Sie, im Bemühen „aufzuräumen", die Stapel

zusammenlegen und so einen monströsen Stapel schaffen, der völlig undurchdringbar scheint, weil Sie seinen Inhalt bereits unendlich oft in der Hand hatten und es schlichtweg aufgegeben haben, herauszufinden, wie Sie damit verfahren wollen.

**Informationsangst**

Dieses Stapelphänomen existiert vielleicht nur aufgrund einer modernen Krankheit, die als *Informationsangst* bekannt ist. Diese Krankheit manifestiert sich als der unrealistische Wunsch, alle Informationen aufzunehmen und zu verarbeiten, mit denen wir heutzutage unaufhörlich bombardiert werden. Diese Angst entsteht, wenn man partout nicht akzeptieren will, dass dieser Wunsch unrealistisch ist. Warum ist er unrealistisch? Weil sich der menschliche Geist – im Gegensatz zur Technologie – nicht weiterentwickelt hat. Wir leben in einem Zeitalter, in dem wir schneller (und immer schneller) als jemals zuvor Zugang zu mehr Informationen haben, aber wir können sie nicht schneller verarbeiten, als dies unsere primitiven Vorfahren konnten.

Wachsend Stagnierend Sich verringernd Destilliert Zweifach destilliert

Es spielt eigentlich keine Rolle, wo oder wie Sie Ihre „sinnlosen Stapel" unterbringen. Ob sie überaus sichtbar sind (Schreibtischlagerung) oder versteckt (Schubladenlagerung), horizontal aufgehäuft oder vertikal abgelegt sind – es kommt einzig und allein darauf an, wie Sie sich damit fühlen. Wenn Sie beispielsweise Phasen von Stapelparanoia durchleben („meine Stapel bringen mich noch ins Grab!"), ist es höchste Zeit, etwas zu unternehmen.

Zum Sieg über sinnlose Stapel und zur Heilung von Papierosis führen zwei individuelle, aber miteinander in Verbindung stehende Verfahren: Prävention und Aussortieren.

## Verhindern Sie Papierosis

Zwei Hauptfaktoren tragen zur Papierosis bei: Angst und Unwissenheit. Die Leute fürchten sich davor, Papiere wegzuwerfen, weil sie nicht wissen, was sie aufheben sollen und was sie unbesorgt wegwerfen können. Angst vor Reue (bereits früher besprochen) ist schlimm genug; die Angst vor dem Finanzamt oder dem Steuerprüfer kann noch schlimmer sein.

In meinen Workshops wurden bisher folgende drei auf Papier bezogene Fragen, die Angst und Unwissenheit verraten, häufig gestellt:

**1. Welche Unterlagen muss ich aufbewahren?**

Es gibt zwei Hauptarten von Papierdokumenten: Urkunden und Hilfsmittel. Urkunden sind mengenmäßig begrenzt (obwohl man das manchmal kaum glauben mag), Hilfsmittel hingegen unendlich (dank unseres technologischen Informationszeitalters). Aus diesem Grund gilt die alte Regel „im Zweifelsfall immer wegwerfen" im Wesentlichen für Hilfsmaterialien. Sie können unbesorgt Ballast wie Zeitschriftenartikel und Seminarunterlagen wegwerfen. Aber bei finanziellen und rechtlichen Dokumenten gilt die umgekehrte Regel: „im Zweifelsfall nicht wegwerfen". Damit Sie entscheiden können, welche Dokumente Sie auf jeden Fall in den Müll befördern können, sollten Sie die entsprechenden Richtlinien bei Ihrem Steuerberater oder Rechtsanwalt erfragen.

**2. Wie lange muss ich meine Unterlagen aufbewahren?**

Die Regeln sind an dieser Stelle je nach der Art der Unterlagen und der Situation unterschiedlich. Manche Unterlagen sollten unbegrenzt aufbewahrt werden, andere können nach einer bestimmten Zeit ausgesondert werden (z. B. nach zehn Jahren), und wieder andere muss man gar nicht aufbewahren. Noch einmal: Bezüglich der Aufbewahrung von Dokumenten können Sie allgemeine Richtlinien z.B. bei den Finanzämtern oder den Bundesversicherungsanstalten erfragen.

Was die den Hilfsmitteln ähnlichen Papiere angeht, so ist es unwahrscheinlich, dass sich Behörden jemals für Ihre Rezeptsammlungen oder Ihre alten Reisebroschüren interessieren werden, also können Sie sie unbesorgt jederzeit in den Müll befördern. (Hoffentlich bald.)

**Tipp:** Vermerken Sie bei allen Hilfsmitteln, die Sie aufheben wollen, unbedingt Datum und Quellenangabe. Undatierte Hilfsmittel werden oft zu Quellen veralteter Fehlinformationen.

### 3. Wo und wie sollte ich meine Papiere aufbewahren?

Bestimmte Systeme helfen Ihnen, Ihre Unterlagen unter Kontrolle zu halten, und verhindern gleichzeitig Papierosis. Das Stapelverhinderungsprogramm in drei Schritten, das im folgenden Abschnitt erklärt wird, umfasst:

- ein Zeitmanagementsystem, um die Zeit festzulegen, die für die Aufbewahrung und Verwaltung der Unterlagen erforderlich ist,
- ein System für die zu bearbeitenden Papiere und
- ein Ablagesystem für die Aufbewahrung von Urkunden und Hilfsmitteln.

#### Die zwei Arten von Zeit

Wenn Sie meinen, dass die Bewältigung von Papierkrempel Zeit in Anspruch nimmt, haben Sie nur zur Hälfte Recht. Das Entrümpeln beansprucht eigentlich zwei Arten von Zeit: Projektzeit und Wartungszeit. *Projektzeit* ist die Zeit, die Sie aufbringen, um zu planen, wie Sie Ihren Krempel entsorgen. *Wartungszeit* ist die Zeit, die Sie täglich oder wöchentlich investieren müssen, um krempelfrei zu bleiben.

Die meisten Leute wollen nicht akzeptieren, dass es jene Wartungszeit gibt. Sie leben in dem kindlichen Glauben, dass ein einmal aufgeräumter Schrank oder Schreibtisch auf wunderbare Weise in diesem Zustand verharrt. Das trifft natürlich nicht zu, sowenig wie ein Garten unkrautfrei oder frisch gewaschene Wäsche sauber bleibt. (Aber Sie müssen die Hoffnung nicht aufgeben.)

Wenn man die Wartungszeit unter den Tisch fallen lässt, entsteht in der Tat Bedarf nach mehr Projektzeit, weil die Dinge, wenn sie nicht gewartet werden, oft nicht mehr funktionieren und/oder sich zu einem unansehnlichen Durcheinander auswachsen. Aus diesem Grund ist vielleicht Ihr Krempel ein sichtbarer Beweis dafür, dass Sie zu wenig Wartungszeit investieren.

Was ziehen Sie also vor: sich jeden Tag ein paar Minuten um neu dazukommenden Krempel zu kümmern oder sich Tage oder Stunden durch Ihren Rückstand zu wühlen?

Vielleicht müssen Sie derzeit beides machen. Aus diesem Grund zeigt Ihnen dieses Kapitel Techniken und Tipps, um Ihnen bei der effektiven Nutzung Ihrer Entkrempelungsprojektzeit und Ihrer Wartungszeit zu helfen.

Vergessen Sie nicht: Je mehr Sie sich von Krempel trennen, umso weniger Zeit müssen Sie dafür aufbringen, ihn zu ordnen und zu warten.

## Das Stapelpräventionsprogramm in drei Schritten

### *Zeitmanagementsystem*

Ein effektives Zeitmanagementsystem hilft, Stapel zu vermeiden, indem es Ihnen erlaubt, Zeitblöcke nicht nur für Verabredungen mit anderen, sondern auch mit sich selbst festzulegen. Dadurch können Sie regelmäßige Wartungssitzungen ansetzen und durchführen und umfangreiche Projekte in beherrschbare Teilbereiche unterteilen.

Zudem funktioniert ein gutes Zeitmanagementsystem noch auf eine andere Weise als Heilmittel gegen Papierosis, nämlich indem es Ihnen einen Platz gibt, an dem Sie alle Ihre kleinen Erinnerungszettel zusammenpferchen können. Es ist gar nichts verkehrt daran, sich auf Haftnotizzetteln oder Schmierpapier Notizen zu machen; das Problem entsteht aus dem, was Sie mit den einmal gekritzelten Notizen anfangen bzw. nicht anfangen. Wenn es einen zentralen Platz gibt, an dem Sie etwas aufschreiben können und wo Sie auch alle anderen Aufzeichnungen hinterlegen, können Sie diese nervigen Zettelchen leichter unter Kontrolle halten.

Zeitmanagementsysteme, Terminplaner oder Organizer gibt es in verschiedenen Größen, Formaten und Stil- und Geschmacksrichtungen (Letztere vielleicht doch noch nicht). Diejenigen, die auf Papier basieren, sind in einer Vielzahl von Größen, Farben und Materialien (z. B. ledergebundene Ringbücher und Spiralnotizblöcke) erhältlich, und es werden fortlaufend neue elektronische Organizer entwickelt. Diese Produkte gibt es von bemerkenswert einfacher bis zu verwirrend aufwändiger Qualität.

Wie entscheiden Sie, welche Art von Zeitmanagementsystem sich am besten für Sie eignet? Ironischerweise dauert dies seine Zeit, weil hier das Verfahren „Versuch und Irrtum" zum Tragen kommt. Am besten probieren Sie verschiedene Möglichkeiten aus.

**Den Kalenderkrempel besiegen**

Eine der einfachsten Zeitmanagementhilfen ist ein Kalender in der Größe einer Schreibtischunterlage, der an der Wand neben dem von Ihnen am häufigsten genutzten Telefon hängt. Ein supergroßer Kalender kann ein guter Heimathafen für Notizen und Listen sein; er bietet Ihnen genügend Platz für alles, und dank der Linien können Sie Ihre Notizen leichter in Ordnung halten. Daran befestigen Sie einen Bleistift an einem Band – oder an einer dicken Kette, falls nötig.

### *Papierbearbeitungssystem*

Ein effektives Papierbearbeitungssystem einzurichten und zu führen ist wirklich eine der besten Arten, um Ordnung auf Ihrem Schreibtisch zu halten.

Ein gutes Papierbearbeitungssystem gibt Ihnen ein leicht zugängliches, in Kategorien eingeteiltes „Zuhause" für alle Papiere, auf die Sie reagieren müssen (z. B. zu bezahlende Rechnungen, zu beantwortende Briefe, abzulegende Dokumente, Sachen, die Sie lesen müssen). Wenn Sie sich hinsetzen, um Ihre Papiere zu ordnen oder von Grund auf zu durchforsten, führt ein Papierbearbeitungssystem dazu, dass Sie nicht mehr die Hälfte der Zeit nach etwas suchen, was Sie brauchen. (Da fällt mir ein, wie Pu der Bär Ordnen definiert: „Ordnen ist das, was man tut, bevor man es tut, damit es, wenn man es tut, nicht ganz durcheinander ist.“)

Es gibt zahlreiche Möglichkeiten, wie man ein Papierbearbeitungssystem einrichten kann. Die horizontalen Systeme umfassen Ablagekörbe, Schachteln, Körbe oder Sortiersysteme mit Unterteilungen: jeweils eine Ablage oder eine Unterteilung ist für eine bestimmte Kategorie von Unterlagen gedacht und deutlich mit dem Namen der Kategorie gekennzeichnet. Die vertikalen Systeme umfassen Stehsammler, an der Wand befestigte Prospekthalter, Hängeregister oder Aktenordner, die jeweils mit den Kategorien der Unterlagen beschildert sind. (Obwohl vielen Leuten die Idee, Papiere, auf die sie reagieren müssen, in Aktenordnern abzulegen, nicht zusagt, ist es doch eine Möglichkeit.)

Es spielt keine Rolle, ob Sie nun ein horizontales oder vertikales Papierbearbeitungssystem benutzen. Meines Erachtens muss jedes effektive System einfach, flexibel und auf Wachstum ausgerichtet sein. Was immer Sie bequem und dauerhaft verwenden können, eignet sich gut für Sie. Aber gleichgültig, für welchen Typ von Papierbearbeitungssystem Sie sich auch entscheiden: es muss eine begrenzte Zahl von allgemeinen Kategorien (vier bis acht etwa) haben, die leserlich beschriftet sind. Häufige Kategoriennamen sind:

- Zu zahlen (Rechnungen, Gesuche von Wohltätigkeitsorganisationen)
- Zu lesen
- Abzulegen
- Korrespondenz
- In der Schwebe/Weiterverfolgen
- Veranstaltungen/Einladungen
- Aktive Projekte/zu erledigen
- Jemandem mitzuteilen/zu verschicken

**Beachten Sie bitte:** Die Begriffe „Eingang“ und „Ausgang“ sind oft zu weit gefasst. Aus diesem Grund wurde aus dem „Eingangskorb“ ein Euphemismus für „schwankender Papierstapel“.

Ehe Sie Ihr Papierbearbeitungssystem einrichten, müssen Sie folgende Wahrheit akzeptieren: Das System erledigt die Unterlagen nicht für Sie! Wenn Sie also einfach weiterhin Papier hineinpacken, ohne etwas daraus zu entfernen, haben Sie bald ein verstopftes, überladenes, uneffektives System. Deshalb sollten Sie unbedingt Termine für regelmäßiges (tägliches und/oder wöchentliches) Papierordnen in Ihr Zeitmanagementsystem eintragen. (Erinnern Sie sich an die „90-Prozent-Wartungszeit-Gleichung"?)

Je mehr Papier Sie zu erwerben sich weigern, umso weniger Zeit und Platz sind natürlich zur Aufbewahrung und Wartung nötig.

**Keine Frage des „Alles oder Nichts"**

Mir ist aufgefallen, dass es meist sinnlos ist, eine Ablage als „dringend", „wichtig" oder dergleichen zu bezeichnen. Wirklich dringende Unterlagen enden im Allgemeinen entweder auf Ihrem Stuhl oder werden mitten auf Ihrem Schreib- oder Esstisch aufgetürmt (möglicherweise auf einem älteren Stapel). So sieht es in der Realität aus.

Andere häufige Fehler, die die Effizienz von Papierbearbeitungssystemen sabotieren, sind:

- zu viele Kategorien oder zu wenige,
- unleserliche Aufschriften,
- zu kleine oder zu große Behälter.

*Ablagesystem*

Ein effektives Ablagesystem erfüllt zwei Funktionen:

- Es hilft Ihnen, Unterlagen schnell zu finden.
- Es beherbergt Ihre Unterlagen.

Letztere Funktion ist besonders hilfreich, sowohl beim Verhindern wie beim Aussortieren von Stapeln. Wenn Sie den richtigen Platz haben, an den Sie Ihre Papiere, die Sie aufbewahren wollen oder müssen, verräumen, können Sie sie leicht dorthin schaffen. Und wenn etwas leicht ist, tut man es auch eher.

Im Allgemeinen gibt es, wie bereits erwähnt, nur zwei Arten von Papier zum Ablegen:

1. Urkunden – die Sie aufbewahren *müssen* – und
2. Hilfsmittel – die Papiere, die Sie aufbewahren *wollen*.

Ich spreche hier von Dingen, die in eine aktive Ablage gehören. Alte Unterlagen (z. B. Steuerbescheide früherer Jahre) können in Ablageschachteln archiviert werden. Papiere mit Gefühlswert (Liebesbriefe, Programme erinnerungswürdiger Konzerte etc.) gehören an einen anderen Platz, vielleicht in eine „Erinnerungsschachtel" (siehe Kapitel 6).

Ungeachtet dessen, ob Sie nun ganz von vorne ein neues Ablagesystem einführen oder ein bereits bestehendes neu ordnen, gilt derselbe Ablauf: Fangen Sie an, indem Sie eine Liste der Ablagenamen erstellen. Wenn Sie bisher nur ein „Stapelsystem" haben, dürfte Ihnen das Musterformular „Ablageindex" auf der nächsten Seite einige brauchbare Ideen vermitteln. Verwenden Sie das Formular „Ablageindex", um Ihren eigenen maßgeschneiderten Entwurf für Ihr Ablagesystem zu erstellen.

**Warum mit dem Ausforsten warten?**

In den meisten Fällen empfehle ich, mit dem Ausforsten der Ablagen bis nach der Reorganisation des Ablagesystems zu warten. Meiner Erfahrung nach entdeckt man, wenn man zuerst ausforstet, Unterlagen, die nicht in den richtigen Ablagen stecken, weil es die richtigen Ablagen noch gar nicht gibt. Dann legen Sie schließlich Mini-Stapel damit an. Aber wenn Sie zuerst das System neu organisieren und dann ausforsten, steigt die Wahrscheinlichkeit, dass Sie für alles einen Platz haben.

**Musterformular „Ablageindex"**

| *Finanzielles:* | *Haushalt:* | *Persönliches:* | *Allgemeines:* |
|---|---|---|---|
| Bank<br>* Konto 1<br>* Konto 2<br>* Konto 3 | Autos/Fahrz. | Korrespondenz | Schönheit/ Fitness |
| Bezahlte Rechnungen (12 Monate) | Deko-Ideen | Familie | Notfälle |
| Budget | Gartentipps | Freunde | Unterhaltung |

| | | | |
|---|---|---|---|
| Kreditkarten (Verträge/Belege) | Haushaltstipps (Putzen/Organisation) | Geschenkideen (samt Listen) | Gesundheitsinfos |
| Versicherung<br>* Auto<br>* Krankenvers.<br>* Hausrat | Verbesserungen | Listen/Checklisten | Humor (Lächelablage) |
| Investitionen | Gebrauchsanw.<br>Garantien | Partner 1 (Name) | Inspiration |
| Hypothek | Inventar | Partner 2 (Name) | Rezepte |
| Quittungen | Reparaturen<br>Wartung<br>Unterlagen (Gärtner, Hilfskraft etc.) | Arztunterlagen | Hilfsmittel (Verschiedenes) |
| Steuern (laufendes Jahr und Vorjahr) | | Lebenslauf<br>Karriere-Infos | Restaurants |
| | | | Reisen |

**Beachten Sie bitte:**

- Die mit Sternchen versehenen Ablagenamen weisen auf Unterordner hin, die in die Hängeregistratur kommen.
- Beachten Sie, dass Ablagenamen innerhalb der Kategorien alphabetisch geordnet sind.
- Vergessen Sie nicht, dass es sich hierbei nur um Beispiele für Ablagenamen und Kategorien handelt; Sie müssen Ihr System vielleicht um zusätzliche und/oder andere Kategorien ergänzen.

**Formular „Ablageindex“**

Mit Hilfe dieses Formblattes sollen Sie sich Ihr eigenes maßgeschneidertes Ablagesystem entwerfen. Verwenden Sie bitte einen Bleistift, damit Sie Ihre Eintragungen, falls nötig, ausradieren können.

| | | | |
|---|---|---|---|
| | | | |
| | | | |
| | | | |
| | | | |
| | | | |
| | | | |
| | | | |
| | | | |
| | | | |
| | | | |
| | | | |
| | | | |
| | | | |
| | | | |
| | | | |
| | | | |

Das Einrichten und die Neuorganisation eines Ablagesystems verläuft in zwei Hauptschritten: Planung und Ausführung. Während der Planungsphase erstellen Sie einen Plan auf Papier, der auf der von Ihnen zusammengestellten Liste beruht. Je nachdem, wie viele Ablagen Sie nach Ihrer Einschätzung brauchen werden, können Sie Ihre Liste entweder nach einem sehr einfachen alphabetischen System (wenn Sie nur etwa 20 Ablagen brauchen) oder nach einem leicht zu handhabenden, nach Kategorien eingeteilten System strukturieren. (*Beachten Sie bitte*: Ich plädiere selten für die Einführung eines numerischen oder kodierten Ablagesystems, es sei denn, in Ihrem System tauchen Institutionen wie Bibliotheken und Krankenhäuser auf. Ablagebezeichnungen in Haushalten und kleinen Unternehmen sollten sofort zu identifizieren sein, damit man die benötigten Unterlagen findet, ohne sie erst entschlüsseln zu müssen.)

## Wozu die Planung?

Ich habe nahezu 300 Ablagesysteme eingerichtet oder neu organisiert. Glauben Sie mir also bitte, wenn ich Ihnen sage, dass der wichtigste Schritt dabei die Planung ist, die auch das Erstellen eines Entwurfs umfasst.

Viele Leute wehren sich gegen diesen Schritt. Sie möchten auf der Stelle ans Werk gehen und gleich die Unterlagen herumräumen, weil dies den Eindruck erweckt, man tue tatsächlich etwas. Die Folge: Sie produzieren noch mehr Wirrwarr. Es ist, als laufe man im Kreis: Selbst wenn Sie sich anscheinend bewegen, kommen Sie doch nicht voran.

Und so können Sie verstehen, wieso das Skizzieren Ihres Systems einen so wichtigen ersten Schritt darstellt. Stellen Sie sich vor, Sie wollen ein Haus bauen. Ziehen Sie da los und kaufen das Baumaterial, laden es auf der Baustelle ab und fangen dann zu graben und zu bohren an? Wahrscheinlich nicht. Dennoch verfahren viele Leute so, wenn sie sich daranmachen, ein Ablagesystem einzurichten oder zu überholen: Sie kaufen eine Menge Schnellhefter oder Ordnungsmappen und vielleicht sogar einen neuen Aktenschrank, und dann fangen sie an, in ihren Akten und Unterlagen herumzuwühlen, bis sie den Mut verlieren und aufgeben.

Was ist also die bessere Methode? Beim Hausbau wird eine Reihe von Plänen – eine Blaupause – vor dem tatsächlichen Beginn des

Bauprojekts erstellt. Das Gleiche gilt für die Einrichtung oder Neuorganisation eines Ablagesystems: Zeichnen Sie zuerst Ihre Entwürfe auf. Erstellen Sie dabei als Erstes eine Liste Ihrer Aktennamen. Diese Liste erleichtert den Prozess der Neuorganisation ganz ungemein: So sehen Sie auf einen Blick alle Aktennamen, was viel einfacher ist, als Schublade um Schublade (oder Schachtel um Schachtel) voller Schnellhefter öffnen zu müssen. So können Sie zudem leichter Überflüssiges und Ungenauigkeiten entdecken und eliminieren.

**Warum soll man einen Ablageindex erstellen?**

Ein Ablageindex:

- hilft Ihnen, alle Ihre Akten auf einen Blick zu sehen.
- funktioniert als Erinnerungsstütze für jeden, der sich nur schlecht an Aktennamen und/oder Kategorien erinnern kann.
- spart Zeit, wenn man andere in die Benutzung des Systems einführt.

**Kategorisierung versus alphabetische Ordnung**

Je nachdem, wie Ihr Gehirn arbeitet, kann ein in Kategorien unterteiltes System (eines, das innerhalb von Kategorien alphabetisch geordnet ist) viel leichter zu benutzen sein als ein alphabetisches unkategorisiertes. Denken Sie daran, wie Supermärkte und Kaufhäuser eingeräumt sind: Die Produkte sind nach Kategorien geordnet, die auf Gleichartigkeit basieren. Und jetzt stellen Sie sich vor, wie lange Sie für einen Einkauf bräuchten, wenn alles stattdessen alphabetisch eingeräumt wäre! Das Zusammengruppieren „ähnlicher Gegenstände“ ist sowohl ein Grundprinzip der Organisation wie auch eine menschliche Grundeigenschaft. Schließlich können Babys Dinge nach Farbe und Form in Kategorien einteilen, lange bevor sie das Alphabet erlernen können.

Wenn Sie erst Ihre Liste in Händen halten, schauen Sie sie sich an und entscheiden Sie, ob ein einfaches Von-A-bis-Z-System ausreicht oder ob es vielleicht hilfreicher wäre, verwandte Akten alphabetisch unter weit gefassten Kategorien wie etwa Finanzielles, Haushalt und Persönliches zusammenzufassen. Das Muster eines Aktenindex auf S. 73/74 soll Ihnen als Entwurf für einige typische Ablagegruppen dienen und Ihnen eine Vorstellung von der Funktionsweise eines nach Kategorien eingeteilten Systems vermitteln.

Wenn Sie sich für die Kategorisierung entscheiden, gehen Sie Ihre Liste Ihrer Unterlagen durch und schreiben Sie neben jede einen potenziellen Kategorienamen. Dann sortieren Sie Ihre Liste neu, so dass die Unterlagen in jeder Kategorie gebündelt werden. (*Beachten Sie bitte*: Obwohl man dazu nicht unbedingt einen Computer braucht, kann er Ihnen auf lange Sicht, vor allem beim Sortieren, Alphabetisieren, Auf-den-neuesten-Stand-Bringen und selbst bei der Herstellung von Etiketten, Zeit und Mühe sparen.)

Meinen herzlichen Glückwunsch – Ihr Entwurf eines Ablagesystems oder Ablageindex kann jetzt tatsächlich eingerichtet werden.

## Die tatsächliche Einrichtung Ihres Ablagesystems

Sie haben die Planung abgeschlossen. Jetzt sind Sie bereit für den zweiten Schritt: die Ausführung. Richten Sie mit Hilfe Ihres Entwurfs Ihre neuen Ablagen ein. Sie können die Etiketten per Hand (leserliche Druckbuchstaben) oder per Computer, Schreibmaschine oder Etikettiermaschine beschriften. Danach können Sie den Inhalt Ihrer alten Akten – bzw. Stapel – übertragen und ablegen.

### Lächel-Ablage

Wenn Sie gerne Cartoons und lustige Geschichten ausschneiden und/oder die Ausdrucke von per E-Mail empfangenen Witzen sammeln, könnten Sie ihnen genauso gut ein schönes Zuhause zur Verfügung stellen. Warum richten Sie nicht eine „Lächel-Ablage" ein? (Sofern Sie es natürlich nicht lustiger finden, einfach nur Stapel dieser Art von Papieren zu horten.) Sie sollten allerdings die Ablage regelmäßig durchforsten. Beim Wegwerfen dürfen Sie gerne auch lachen.

## Aktenwagen, Safe und Küche – „intelligentes" Ablagesystem

Sie müssen Ihr Ablagesystem nicht in einem Aktenschrank unterbringen, und Sie müssen alle Ihre Unterlagen nicht einmal an einem Platz aufbewahren. Ziehen Sie folgende Möglichkeiten in Betracht:

**Aktenwagen:** Eine Alternative oder Ergänzung zum herkömmlichen Aktenschrank ist der Aktenwagen, der unter einen Tisch oder eine Arbeitsplatte passt und leicht an einen anderen Platz gerollt werden kann. Ich empfehle häufig die Version, die oben offen ist, weil so die Unterlagen leichter zugänglich sind. (Diejenigen Wagen mit Deckel werden gerne zu „Stapel-Magneten", weil viele Leute ihren Papierkram schließlich entweder auf den Deckel, wenn er zu ist, oder in den offenen Deckel legen.) In einem Haushalt mit Kleinkindern oder kletterfreudigen Haustieren ist allerdings ein geschlossener Aktenwagen vielleicht die klügere Wahl.

**Feuerfeste Dokumentensafes:** Ein guter Platz für die Aufbewahrung wichtiger Dokumente – zum Beispiel Geburtsurkunden, Pässe, Lizenzen, Testamente, Versicherungspolicen – ist ein feuerfester Aktensafe. (Es gibt schon vernünftige für etwa 100 Mark.) Auf lange Sicht erweist sich der Safe oft als besser als das Anmieten eines Schließfaches bei der Bank – auf jeden Fall kommt er billiger und ist leichter zugänglich.

**Mini-Ablage in der Küche:** Wenn Ihre Küche fortwährend von Papierstapeln heimgesucht wird, denken Sie mal darüber nach, einen kleinen Prospekthalter auf der Ablage neben dem Telefon zu installieren. (Am besten stellen Sie in der Nähe auch gleich einen Papierkorb auf.) Weil Küchen normalerweise der Dreh- und Angelpunkt des Haushalts sind, landen bestimmte Papiere immer hier, vor allem so Ballast wie Zettel mit Sonderangeboten, Rezepte, Speisekarten vom Pizzaservice, Gebrauchsanweisungen für Küchengeräte, Artikel über Veranstaltungen und Fleckenentfernung und Infos für Notfälle. Eine Mini-Ablage in der Küche kann dem Krempel Einhalt gebieten und Ihnen täglich auf folgende Weise Zeit sparen:

- Die von Ihnen hier erwünschten Papiere sind immer schnell zur Hand, sodass Sie nicht in ein anderes Zimmer gehen müssen.

- Sie können so viel einfacher die Papiere an ihren angestammten Platz räumen.
- Küchenschubladen und Abstellflächen bleiben so viel leichter frei von Krempel.

**Tipp:** Wenn Sie gerne alles farblich aufeinander abgestimmt haben, können Sie wahrscheinlich auch Aktenordner anschaffen, die farblich zu Ihren Küchenmöbeln passen.

**Was Sie nicht in Ihrem Bankschließfach aufbewahren sollten**

Ein Bankschließfach kann sich für bestimmte Dokumente als ein bisschen zu sicher erweisen. Warum? Weil nach dem Tod eines Schließfachbesitzers das Schließfach womöglich versiegelt und erst durch eine Anweisung des Nachlassgerichts wieder geöffnet wird, was Monate dauern kann. In der Zwischenzeit haben die Hinterbliebenen keinen Zugang zum Inhalt des Schließfachs. Aus diesem Grund sollten folgende Unterlagen nicht in einem Bankschließfach aufbewahrt werden:

- Bargeld und/oder Sparbücher
- Friedhofsdokumente
- Versicherungspolicen
- Heiratsurkunden
- Testamente

Ein feuerfester Dokumentensafe eignet sich vielleicht besser für die Aufbewahrung dieser und anderer wertvoller Dokumente wie:

- Geburtsurkunden
- Unterlagen für die Entlassung vom Militärdienst
- Pässe
- Urkunden über Grundbesitz
- Listen mit wichtigen Nummern (Bankkonten, Kreditkarten und Telefon-/Adresslisten
- Treuhandunterlagen
- Kraftfahrzeugbriefe

**Formular für funktionelle Ablagen**

- Wenn Sie die Ablagen nach Kategorien ordnen, können Sie das Gesuchte viel leichter finden.
- Die Unterlagen, die Sie am häufigsten benutzen, sollten am leichtesten zugänglich und am besten zu erkennen sein.
- Ihre Unterlagen sollten gut aufbewahrt sein: Bewahren Sie sie in der Nähe des Ortes auf, an dem Sie sie brauchen (in der Küche genauso wie im Büro), und zwar in leicht zugänglichen Möbeln, wie dem oben offenen Aktenwagen und den tragbaren Aktenhaltern. Aktenschränke sind auch gut geeignet, solange sie am richtigen Platz stehen und über gut gleitende Schubladen verfügen.

## Gefährlich: Leere Ordner

Scherzfrage: Was ist gefährlicher – ein prall gefüllter Aktenordner oder ein leerer? Antwort: Ein leerer Aktenordner – wenn er unbeschriftet und zusammen mit vollen aufbewahrt wird. Begehen Sie nicht den weit verbreiteten Fehler, zusätzliche Schnellhefter oder Aktenordner in Ihrem Ablagesystem aufzubewahren. Leere Hefter und Ordner nehmen nicht nur wertvollen, begrenzten Ablageraum weg, sie gaukeln einem überdies vor, man habe mehr aktive Ablagen, als dies tatsächlich der Fall ist.

Wenn Sie dann einmal in Eile sind, stopfen Sie aus Versehen schnell ein Papier in eine leere Ablage, die sich neben der von Ihnen eigentlich gemeinten befindet. Dann suchen Sie später womöglich stundenlang nach einer Unterlage, von der Sie überzeugt sind, sie am richtigen Ort abgelegt zu haben.

Wenn Sie tatsächlich über viel zusätzlichen Ablageplatz verfügen (ich kenne allerdings niemanden, auf den das zutrifft) und Sie unbenutzte Ordner lieber hier aufbewahren, nur zu: aber Sie sollten sie dann an *einer* Stelle im System aufbewahren und sie nicht im ganzen System verteilen. Ordnervorräte können auch in ihrer Originalverpackung horizontal auf Regalen oder in tiefen Schubladen zusammen mit Papiervorrat aufbewahrt werden.

## Das Aussortierverfahren in drei Geschwindigkeiten

Während meiner bereits zwei Jahrzehnte andauernden beruflichen Tätigkeit als Organisationsberaterin habe ich mit meinen Kunden kilometerhohe Stapel und Ablagen durchforstet. Übung macht den Meister, oder zumindest einen Fachmann. Mit den Jahren habe ich ein effektives Aussortierverfahren entwickelt und verfeinert: das Aussortierverfahren in drei Geschwindigkeiten. Sehen Sie, das Geheimnis effektiven Papierwegwerfens liegt in der Geschwindigkeit – genauer, in drei Arten von Geschwindigkeit. (Nein, nicht schnell, schneller, am schnellsten, obwohl dies manchmal anscheinend auch funktioniert.) Es gibt: schnell sortieren, schnell einordnen, schnell ausforsten. Schnell sortieren und schnell einordnen braucht man für das Aussortieren von Stapeln, schnell ausforsten für das Aussortieren von Ablagen.

Das Drei-Geschwindigkeits-Verfahren löst drei häufige, Papierosis verursachende Probleme:

- Bloßes Herumtändeln: Wenn man zu viel Zeit damit vertrödelt, entweder Sachen zu lesen oder sie anzustarren, während man gedanklich weit weg ist.
- Auf Nebengleisen fahren: Wenn man wiederholt innehält, um verschiedene Papiere zu „erledigen“ (eine Rechnung bezahlen, ein Formular ausfüllen, jemanden zurückrufen, eine neue Akte einrichten).
- Verzögern: Wenn man Sachen beiseite legt, um „später darüber zu entscheiden“ (später = nie).

Lesen Sie bitte weiter und sehen Sie, wie ich meinen Kunden dabei helfe, sich schnell durch alle Arten von Stapeln und Ablagen zu wühlen.

### Vorbereitung beim Aussortieren

1. Ich stelle zu Beginn einer Sitzung einen Küchenwecker meist auf zehn- bis 15-minütige Intervalle ein; das erzeugt ein Gefühl der Dringlichkeit und erinnert mich beständig an das Verstreichen der Zeit. Zusammen mit dem Stellen des Weckers setze ich kurzfristige Ziele (wie in Kapitel 3 beschrieben).

2. Das Schnell-Sortieren findet oft auf dem Fußboden statt, wenn es keine andere freie, große horizontale Fläche gibt (was höchst selten vorkommt).
3. Ich empfehle, dass man mindestens einen großen, leeren Papierkorb bereithält. Geräumige Abfallbehälter oder Kisten eignen sich dafür am besten. Nehmen Sie keine klitzekleinen, putzigen „Gästebadabfalleimer"; die sind viel zu schnell voll. Plastiksäcke, die umfallen, sind ebenfalls Zeitverschwendung (außer wenn man sie als Einsatz für den Mülleimer verwendet). Sie wollen sich das Wegwerfen so leicht wie möglich machen; bei dem Kampf mit umfallenden Säcken und winzigen Körben vergeuden Sie bloß Zeit und Mühe.

**Die Kunst des Wegwerfens**

Machen Sie es sich leicht, Sachen wegzuwerfen, und Sie werfen sie weg. Vergessen Sie nicht, Ihre Abfallbehälter wie Babys zu behandeln: Halten Sie sie immer in Reichweite, füttern Sie sie häufig und halten Sie sie immer sauber.

## Schnell sortieren

Projektzeit

Dies ist der Teile-und-herrsche-Schritt beim Entstapeln. Ich sortiere schnell alle Dinge, die ich mit einem Blick der „Kategorie Ähnliches" zuordnen kann. Wichtig ist hierbei, dass Sie nicht etwa innehalten, um zu lesen oder größere Entscheidungen zu treffen oder gar um nachzudenken. Es ist fast wie ein Spiel – wie schnell können Sie alle ähnlichen Gegenstände auf einen Haufen bringen?

Die Kategorie Ähnliches kommt gern in vier Stilrichtungen daher:

*Umfangreiches:* Gegenstände, die nicht oder nur zum Teil aus Papier sind und viel Platz wegnehmen.

*Fitzel:* Papier in allen möglichen Größen, oft handgeschriebene Notizen.

*Geschäftliches:* Papier in DIN-A4-Größe, meistens mit dem Computer oder der Maschine geschrieben.

*Und Tschüss:* Zeug, das buchstäblich bettelt: „Bitte, wirf mich weg!"

Die Kategorie Ähnliches variiert je nach den Gesamtinhalten der Stapel. Es folgen einige typische Beispiele.

**Muster für die Kategorie „Ähnliches"**

*Umfangreiches:*
Bücher, Hefter, Kladden und Handbücher
Publikationen (Zeitschriften, Journale, Kataloge)
Vorräte (Büro und andere)

*Fitzel:*
Visitenkarten und Adressen/Telefonnotizen
Notizen (alles Handgeschriebene, einschließlich Listen auf Haftklebezetteln)
Ausschnitte (einschließlich Gutscheine, Witzzeichnungen, Artikel, Rezepte)

*Geschäftliches:*
Rechnungen/Warenrechnungen (noch zu bezahlen)
Korrespondenz (einschließlich E-Mail-Ausdrucke und Memos)
Finanzielle Unterlagen (einschließlich bezahlter Rechnungen und Quittungen)

**Und Tschüss:*
Wurfsendungen (insbesondere wenn mit „persönlich, wichtig" versehen)
Werbung, Broschüren, Handzettel (vor allem Angebote mit „wertvolles Geschenk")
Gebrauchte Umschläge (von Rechnungen und Bittbriefen)

*Sie dürfen ungehemmt Ihre bereitstehenden Papierkörbe für diese und andere Gegenstände verwenden, die Sie gerne auf der Stelle wegwerfen möchten. Bei der Arbeit mit Kunden werfe ich allerdings nie etwas für sie weg. Stattdessen gruppiere ich alle Gegenstände, die nach Wegwerfen aussehen, zusammen, um ihnen zu zeigen, wie viel Papierkrempel wirklich Schrott ist, der nur aufs Entsorgen wartet (Recyceln oder Wegwerfen). Manchmal nehme ich nach dem Anhäufen von alten gebrauchten Umschlägen ein Lineal und messe den Berg ab, um zu demonstrieren, wie viel Platz sie wegnehmen. Das öffnet oft den Kunden die Augen und motiviert sie ungemein.

## Warum sortieren?

„Was soll das Sortieren?“, fragte ein anscheinend skeptischer Mann in einem meiner Workshops. „Ist das nicht nur eine Verzögerungstaktik?“ Gute Frage. Organisationsberater (und andere organisierte Leute) nehmen gern an, dass jeder bereits weiß, warum wir zuerst sortieren.

Wenn Sie ähnliche Dinge zusammengruppieren, können Sie leichter Ihre Aufmerksamkeit bündeln und so Ihre Entscheidungsstoßkraft nützen. Unsortierter Krempel sorgt im Allgemeinen dafür, dass Sie unaufmerksam werden, so dass es Ihnen schwerer fällt, wirklich zu „sehen“, was Sie haben. Stellen Sie sich bloß vor, wie schwierig etwa das Einkaufen wäre, wenn die Supermärkte alle Waren einfach wahllos zusammenschmeißen würden, statt sie gruppenweise in verschiedenen Abteilungen anzuordnen.

Aber das Sortieren kann zur „Verzögerungstaktik“ werden, wie es mein kritischer Teilnehmer ausdrückte, wenn man dabei nicht flott und zweckmäßig vorgeht. Wenn Sie Ihre Zeit über alten Wurfpostsendungen vertrödeln oder sich vor Urzeiten ausgeschnittenen Artikeln widmen, verbringen Sie mehr Zeit damit, aus dem Häuschen zu sein, als mit Entstapeln. Deshalb ist die Schnell-Sortier-Methode so effektiv: man muss dabei sowohl flott als auch konzentriert arbeiten.

### Nicht auf der Höhe?

Sortier-Szenario: Wenn Sie Ihre Stapel zu sortieren versuchen, sind Sie am Schluss umgeben von Dutzenden von Mini-Stapeln, die jeweils aus vielleicht drei Blatt Papier bestehen. Vermeiden Sie dieses Mini-Stapel-Dilemma, indem Sie Ihre Untergruppen auf maximal zwölf weit (nicht eng) gefasste Kategorien beschränken. *Wichtige Erinnerung: Sie müssen sich allesamt aus Gegenständen zusammensetzen, die auf einen Blick zu erkennen sind.* Vergessen Sie nicht: In diesem Stadium sortieren Sie lediglich, Sie treffen keine Entscheidungen und denken sich auch keine Ablagenamen aus. Wenn Sie dennoch am Schluss vor Mini-Stapeln sitzen, suchen Sie nach sich überschneidenden Kategorien und bringen Sie sie nach Möglichkeit zusammen. Aber erwählen Sie sich bitte keinesfalls eine Gruppe „Verschiedenes“. Sonst sortiert man nur zu leicht alles da hinein, und Sie enden geradewegs dort, wo Sie angefangen haben.

## Geheimnis des Super-schnell-Sortierens

Oft erreicht man ein sichtbares Ergebnis am schnellsten dadurch, dass man als Erstes die großen „Trümmer" herauszieht (etwa Vorräte, Zeitschriften, Bücher) und sie in die dafür bestimmten Behälter legt – mit den Kategorienamen etikettierte Kisten oder Schachteln. (Ich verwende zur schnellen, einstweiligen Etikettierung haftende Notizzettel.) Sperrige Gegenstände brauchen viel Platz und blähen deshalb Papierstapel oft künstlich auf. Bürovorräte lassen Stapel besonders hinterhältig anschwellen. Das Herausziehen mehrerer Notizblöcke, überzähliger Hefter, zusätzlicher Mousepads etc. lässt die Stapel sofort wesentlich kleiner werden. Je nachdem, wie viele Vorräte in den Stapeln vergraben liegen, kann das Ergebnis recht drastisch ausfallen, manchmal lassen sich Stapel dadurch um bis zu 50 Prozent verkleinern. (Vorschläge, wie man Vorräte systematisch aufbewahrt und dabei eine zu große Lagerhaltung vermeidet, finden Sie in Kapitel 5.)

Wenn alle sperrigen Gegenstände aus den Stapeln entfernt und in Kategorien eingeteilt worden sind, sortieren wir im Schnellverfahren die restlichen Papiere in die anderen Kategorien.

### Stapelpolster durch Notizblöcke

Ihre Stapel sind bereits dick genug. Müssen Sie sie wirklich noch auspolstern?

Viele Stapel neigen dazu, mindestens einem Notizblock, von dem nur ein oder zwei Blätter benutzt wurden, Zuflucht zu gewähren. (Ich grub einmal 42 solcher Notizblöcke aus den schwankenden Stapeln eines Klienten, dem Besitzer einer Versicherungsagentur.) Weshalb sind diese „Polsterblöcke", wie ich sie gerne nenne, so gebräuchlich? Meiner Theorie zufolge nimmt das Gehirn diese Blätter so lange nicht als „Papier" wahr, solange die obersten Blätter noch mit dem Block verbunden sind – sie sind Teil eines „Dinges", was nicht so viel Angst einflößt wie lose Blätter.

Wenn ein Kunde nicht ein zwingendes Argument dafür vorbringt, weshalb man die Polsterblöcke intakt lassen soll (ich lasse mich selten überzeugen), entferne ich den noch unbenutzten Teil und gebe ihn in den Vorräte-Behälter. Die gebrauchten Seiten wandern in die Notizen-Kategorie und werden im weiteren Verlauf der Sitzung bewertet – und oft weggeworfen.

**Schnell füttern**

Projekt- oder Wartungszeit

Das Aussortieren von Papierkrempel ist meist eine Frage der Entscheidungsfindung. Viele Stapel entstehen tatsächlich wegen aufgeschobener Entscheidungen. Während des zweiten Entstapelungsschrittes sporne ich deshalb meine Kunden zu einer schnellen, aber effektiven Entscheidung über jeden Gegenstand an – jeweils eine Kategorie, jeweils ein Gegenstand. Die Schnell-Fütter-Methode funktioniert so: Ich „füttere" sie jeweils mit einem Blatt und verkünde gleichzeitig: „Brief aus dem Jahr 1989!" „Undatierter Zeitungsausschnitt!" „Handgeschriebene Notiz!" usw. (*Beachten Sie bitte*: Ich gebe meinen Kunden niemals mehr als ein Blatt gleichzeitig. Das ist ganz wichtig. Meinen Erfahrungen zufolge ist es für die meisten Leute nahezu unmöglich, sich ordentlich zu konzentrieren, wenn sie zwei oder mehr Dinge in Händen halten.) Ich lasse sie das Papier ein paar Sekunden lang anschauen und – wenn sie es nicht wegwerfen oder sagen, was sie damit machen wollen – sporne sie zu einer Entscheidung an. Dann geht es unverzüglich mit dem nächsten Papier weiter.

Das ist eine zermürbende, aber äußerst wirksame Methode. Je mehr Blätter ich ihnen gebe, umso mehr werfen sie letztlich weg, und sei es auch nur, um der Qual ein Ende zu bereiten. Natürlich gebe ich darauf Acht, dass ich sie niemals etwas wirklich Wichtiges wegwerfen lasse.

Nachdem mir viele Kunden erzählten, dass sie einfach keine Entstapelungsentscheidungen ohne meine Hilfe treffen könnten, ersann ich eine Übung zur Entscheidungsfindung, die man eigenständig anwenden kann. Sie entstand aus den Anspornfragen, die ich für gewöhnlich während des Schnell-Fütterns stelle. Ich nenne sie die Fünf W der Krempelkontrolle, und Sie können sie beim eigenständigen Schnell-Füttern anwenden. Und so funktioniert diese Methode.

## Die fünf W der Krempelkontrolle

Immer, wenn Sie sich nur schwer entscheiden können, was mit einem Stück Papier zu tun ist, stellen Sie sich – laut – eine oder mehrere der folgenden Fragen:

- *Was* ist es?
- *Warum* sollte ich es behalten wollen?
- *Wann* könnte ich es jemals brauchen?
- *Wo* würde ich es suchen?
- *Wer* außer mir hätte es vielleicht gerne?

Bei den fünf W handelt es sich um eine Konzentrationsübung. Indem Sie die Fragen laut stellen, zwingen Sie sich zur Konzentration, statt Ihre Gedanken auf zeitraubende Nebengleise abschweifen zu lassen.

Sie zielen auf eine schnelle, bestimmte Antwort auf nur eine der Fragen ab. *Ich habe herausgefunden, dass in mindestens der Hälfte der Fälle bereits die erste W-Frage genügend Gründe dafür liefert, das Blatt Papier wegzuwerfen.* Bei der anderen Hälfte hilft eine der anderen W-Fragen bei der Entscheidung, ob das Papier eine Handlung initiieren, abgelegt oder weitergeleitet werden soll (möglicherweise auf den Stapel einer anderen Person.)

Sowie Sie sich entschieden haben, was damit passieren soll, notieren Sie Ihre Entscheidung auf einer Ecke des Papiers (verwenden Sie einen Haftnotizzettel, wenn Sie nicht auf das Dokument selbst schreiben wollen), das Sie dann zu der am besten passenden Kategorie Ihres Papierbearbeitungssystems legen. Wenn Sie sich entschließen, es wegzuwerfen, lassen Sie diesen Schritt natürlich aus.

Wenn Sie Ihre Entscheidung notieren und nicht versuchen, sofort während des Entstapelns zu handeln, können Sie leichter das Nebengleissyndrom vermeiden.

## Kurieren Sie Ihre Abonnitis

Werfen Sie alte Zeitschriften, Journale und Newsletter, die Sie ohne guten Grund aufgehoben haben, erbarmungslos weg. Wenn Ihnen Ihr Publikationsstapel grenzenlos erscheint, leiden Sie vielleicht an der von mir *Abonnitis* genannten Krankheit, die dadurch verursacht wird, dass man mehr Publikationen abonniert, als man während seines ganzen Lebens überhaupt lesen könnte. Meiner Erfahrung nach haben von Abonnitis Betroffene oft Schwierigkeiten, sich von Formulierungen wie „sollte“ (wie in „Ich sollte das ... und das ... und das ... lesen“) und „kann nicht“ zu trennen (wie in „Ich kann mich einfach nicht davon trennen – ich habe es noch nicht gelesen“).

**Das „Nimm es nur einmal in die Hand"-Märchen**

Der alte Ratschlag, „ein Stück Papier nur einmal in die Hand zu nehmen", funktioniert bei den meisten Leuten einfach nicht. („Einmal am Tag" ist vielleicht realistischer.) Ein effektiveres Ziel ist meines Erachtens, bei jedem Papier das erste Mal, wenn Sie es in die Hand nehmen, eine Entscheidung zu treffen. Wenn es sich um ein Papier handelt, das Sie behalten wollen oder müssen, entscheiden Sie, wo es aufbewahrt werden soll (vorzugsweise nicht in einem sinnlosen Stapel), und dann notieren Sie Ihre Entscheidung auf einer oberen Ecke des Papiers, wie vorher beschrieben. Auf diese Weise können Sie damit das nächste Mal, wenn Sie es in die Hand nehmen, wirklich etwas damit anfangen – oder zumindest wissen Sie dann, was damit passieren muss.

Die Heilung der Abonnitis ist ganz simpel – aber das heißt nicht, dass sie immer einfach ist. Es gibt kein Wundermittel dagegen. Es handelt sich hierbei um eine jener Krankheiten, zu deren Heilung der Patient aktiv beitragen muss. Und dies umfasst folgende Schritte:

1. **Akzeptieren:** Akzeptieren Sie die Tatsache, dass Sie unmöglich alles lesen können, was Sie Ihres Erachtens lesen „sollten". Schließlich haben Sie kaum genug Zeit, das zu lesen, was Sie lesen müssen und was Sie lesen wollen. Dieses „sollte" führt immer dazu, dass sich Stapel erhöhen. (Traurigerweise finden es manche Leute zu schmerzhaft, diese Wahrheit zu akzeptieren, und leiden so ihr Leben lang an Abonnitis, wodurch ihre Umgebung durch turmhohe Stapel von Printmaterial voll gestopft wird.)
2. **Bewerten:** Erstellen Sie eine Liste Ihrer gegenwärtigen Abonnements (Tageszeitungen, Wochenblätter, monatlich erscheinende Schriften etc.) und bewerten Sie sie dann auf einer Skala von 1 bis 3. (1 = lese es gewöhnlich gründlich, innerhalb einer Woche nach Empfang; 2 = lese es gewöhnlich gründlich, innerhalb eines Monats nach Empfang; 3 = komme selten dazu, es gründlich zu lesen.)
3. **Streichen:** Entscheiden Sie, welche Zahl von Publikationen Sie lesen können, und streichen Sie Ihre Abonnementsliste

entsprechend zusammen, indem Sie alle „3er" und vielleicht auch ein paar „2er" streichen, je nach Umfang Ihrer Liste.

**Abonnitis: Eine Krankheit, die dadurch verursacht wird, dass man mehr Publikationen abonniert, als man überhaupt in seinem ganzen Leben lesen könnte.**

**Tipp:** Meinen Beobachtungen zufolge scheint eine Tageszeitung plus eine wöchentliche Publikation plus zwei Monatsschriften die maximale zu bewältigende Zahl für viele Menschen zu sein.

4. **Kündigen:** Kündigen Sie alle überzähligen laufenden Abonnements. Das kann sich allerdings als schwierig erweisen. Sie können dies einigermaßen positiv und schmerzfrei gestalten, indem Sie Kontakt mit den jeweiligen Verlagen aufnehmen und darum bitten, dass die noch verbleibenden Ausgaben an eine andere Adresse geschickt werden (wie etwa an eine Bibliothek, ein Krankenhaus oder eine Schule – das gilt natürlich nur für respektable Blätter). Überdies sollten Sie berücksichti-

gen, dass man heute die meisten Publikationen auch online lesen kann.

5. **Pflegen und warten:** Schätzen Sie ab, wie viel Zeit Sie pro Woche realistischerweise fürs Lesen aufbringen können, um mit Ihrer gesamten Lektüre, einschließlich online und Bücher, auf dem Laufenden zu bleiben. (*Hinweis*: 168 Stunden sind vielleicht nicht besonders realistisch. Streichen Sie Ihre Liste weiter zusammen.) Zur Inspiration lesen Sie noch einmal die Checkliste Haushalts- und Körperpflege in Kapitel 3.

## Jenes Gefühl, zu versinken

*Wenn jeder weiterhin seine National-Geographic-Ausgaben in Garagen und Speichern auftürmt, anstatt sie wegzuwerfen, wird das Gewicht der Zeitschriften den Kontinent bald um dreißig Meter senken und wir werden von den Ozeanen überflutet.*
Journal of Irreproducible Results

### Vom Briefkasten in den Papierkorb

Ungeachtet der zunehmenden Beliebtheit von E-Mails bleiben die eingehenden Reklame- und Wurfpostsendungen für viele Leute auch weiterhin die Hauptquelle für die Entstehung von Papierkrempel. Und so können Sie diese Post schnell bearbeiten:

1. Stellen Sie sich neben einen Papierkorb oder die Papierrecyclingtonne. (Es ist bewiesen, dass man diese Entscheidungen im Stehen schneller trifft, vor allem wenn einen obendrein die Schuhe drücken.)
2. Öffnen Sie zügig die Umschläge mit einem leicht zu handhabenden Brieföffner (nicht mit so einem, der eher dekorativ als praktisch ist).
3. Werfen Sie unverzüglich allen offensichtlich unwichtigen Kram weg (der Stempel „dringend" ist im Allgemeinen ein absolut sicherer Beweis dafür) und auch alle unwesentlichen Dinge wie Werbebeilagen und Umschläge. *Beachten Sie bitte*: Sich das sofortige Entsorgen von unwichtiger Post anzugewöhnen, kann einfacher sein, als zu erreichen, dass Name und Adresse von den Mailing-Listen gestrichen werden.

4. Verteilen Sie die verbleibende Post nach Kategorien in das Papierbearbeitungs- oder Zu-erledigen-System.
5. Strengen Sie sich bewusst an, Kataloge so schnell wie möglich loszuwerden. Stellen Sie alle, die Sie aufbewahren wollen, in einen Zeitschriftensammler neben Ihrem bevorzugten Leseplatz; wenn neue Kataloge erscheinen, werfen Sie die älteren weg.

**Tipp:** Ein Postfach kann Ihnen helfen, Krempel fernzuhalten. Nach Möglichkeit sortieren Sie dann Ihre Post, ehe Sie sie mit nach Hause nehmen, und werfen dabei schon alles Entbehrliche weg. Was bleibt (Rechnungen, Briefe, Einladungen etc.), kann dann flott nach Kategorien in verschiedenfarbige Klarsichthüllen einsortiert werden. Haben Sie einige dieser Aktenhüllen immer in Ihrer Aktenmappe, Ihrer Tasche oder im Auto bei sich, damit Sie Ihre Post unterwegs in Kategorien einteilen können.

**Räumen Sie mit dem Rechnungszahlungs-Krempel auf**

Es gibt mindestens drei krempelfreie Möglichkeiten, Rechnungen zu bezahlen:

*Automatische (und auch elektronische) Abbuchung von Rechnungen:* Immer mehr Unternehmen bieten dies an.

*Begleichung per Internet:* Diese Dienste werden von Banken und Institutionen angeboten.

*Buchhalter:* Wenn Sie elektronische Dienstleistungen nicht mögen, können Sie immer jemanden engagieren, der sich für Sie um Ihre Rechnungen kümmert.

## Schnell ausforsten

**Projekt- und Wartungszeit**

Wenn ich Kunden beim Ausforsten ihrer Ablagen helfen, gehe ich nach zwei Regeln vor:

1. *Konzentriert bleiben.* Vergessen Sie nicht: Ausforsten, nicht schmökern.
2. *Nur hübsch weitermachen.* Versuchen Sie keinesfalls, aus dem Schund wieder irgendwelchen Krempel zu

retten (außer Sie merken, dass Sie versehentlich Geld, Dokumente oder andere Wertsachen aussortiert haben.)

Wenn Sie ins Stocken geraten und sich nicht entscheiden können, ob Sie ein Papier wieder ablegen oder wegwerfen sollen, hilft es, wenn Sie sich eine oder mehrere der folgenden Fragen stellen:

- Wussten Sie, dass Sie dies hatten, ehe Sie es jetzt gerade sahen?
- Könnten Sie es sich noch einmal beschaffen, wenn Sie es wegwerfen? Wäre es die Mühe wert?
- Werden Sie wissen, wo Sie es finden, wenn Sie es aufheben?
- Was könnte schlimmstenfalls passieren, wenn Sie es wegwerfen?
- Wie groß ist die Wahrscheinlichkeit, dass dieser Fall je eintritt?

## „Papier-Kater" vermeiden

Für die meisten Menschen ist das Ausforsten von Ablagen oft eine zermürbende Angelegenheit. Deshalb empfehle ich, diese Tätigkeit auf lediglich ein paar Stunden am Stück zu beschränken, sofern man nicht regelmäßig Pausen einlegt. (Stellen Sie den Wecker auf maximal zehn Minuten, um die Pausen zu begrenzen.) Sonst riskieren Sie es, das zu bekommen, was ich einen *„Papier-Kater"* nenne. Wenn man zu viele solcher Entscheidungen – Papier wegwerfen oder nicht – getroffen hat, rebelliert der Verstand mit der Zeit, und man fängt an, schlechte Entscheidungen zu treffen. Wenn Sie weitermachen, obwohl der Papierkater eingesetzt hat, neigen Sie dazu, einige dumme und letztlich bedauerliche Entscheidungen zu treffen.

Eine meiner Kundinnen vergaß, diesen Ratschlag zu befolgen. Eines Tages, als sie allein in ihrem Büro war, verspürte sie in einem Ausforstanfall das durch einen Papier-Kater verursachte dringende Bedürfnis, mehrere Schachteln wegzuwerfen, die Unterlagen alter Kunden enthielten. Als sie sich später mit einem kühlen Getränk erfrischte, dämmerte ihr die grässliche Wahrheit: In einer der Schachteln befanden sich alle Arbeitsunterlagen ihrer Angestellten und andere wichtige Dokumente (in einem Hefter mit der Aufschrift „wichtige Unterlagen“ natürlich). Zum Glück war die Müllabfuhr noch nicht da gewesen, so dass sie die wichtigen Unterlagen retten konnte. Aber sie hatte eine wertvolle Lektion erhalten.

**Wann man ausforsten sollte**

Ich werde immer gefragt: „Wie oft sollte ich meine Ablagen ausforsten?“ Die Antwort lautet: Das kommt darauf an. Manche Leute schwören auf die „Eine Ablage am Tag“-Ausforst-Methode (also Pflege und Wartung), während andere jährliche Ablage-Säuberungen bevorzugen (also Projekte). Ich favorisiere die Eingang-Ausgangs-Inventarregel: Jedes Mal, wenn Sie eine Unterlage ablegen, schauen Sie nach, ob Sie etwas anderes aus dieser Ablage aussortieren können. Selbst wenn Sie dies nur die Hälfte der Zeit tun, wirkt sich dies auf Dauer verschlankend auf die Ablage aus.

## Reißwolf – ja oder nein?

Der Reißwolf ist eine Möglichkeit, Krempel loszuwerden – oder das Loswerden zu verschieben. Zu oft stapeln sich die guten Absichten gleich neben den Papierstapeln. In der Theorie hilft Ihnen der Reißwolf bei der Vernichtung von Dokumenten, die vertrauliche Informationen enthalten (Nummern von Kreditkarten, Banktransaktionen, juristische Korrespondenz etc.); in der Realität behindern sie hingegen oft den Entsorgungsprozess, weil es länger dauert, das Papier in den Reißwolf zu stecken, als es von Hand zu zerreißen oder in den Ofen oder offenen Kamin zu werfen.

Allerdings behaupten manche Leute, es mache ihnen Spaß, regelmäßig ihren Reißwolf zu benutzen, und sie empfänden dabei sogar Vergnügen. (Nicht dass ich je mit diesen Leuten gearbeitet hätte. Ich kenne sie lediglich vom Hörensagen.)

Wie bei jeder Methode hängt es also davon ab, was bei Ihnen funktioniert. Wenn Sie sich nicht schlüssig sind, ob Sie sich an die Benutzung eines Reißwolfs wagen sollten oder nicht, so lesen Sie die folgenden Pro-und-Contra-Argumente.

| *Pro* | *Contra* |
| --- | --- |
| Schreddert Papier | Kostet Geld |
| | Braucht Zeit (Sie müssen aufpassen, dass Sie die Papiere richtig eingeben, und müssen Büroklammern und Heftzwecken entfernen) |
| | Das Papier staut sich manchmal |

Offensichtlich versuche ich noch immer, mit weiteren positiven Gründen für den Besitz eines Reißwolfs aufzuwarten. Halt, da fällt mir noch einer ein: Wenn Sie regelmäßig höchst vertrauliche Dokumente vernichten müssen (etwa, wenn Sie für einen Politiker arbeiten), ist ein Aktenvernichter fast so unentbehrlich wie eine Kaffeemaschine. Aber für Personen, die sich nur schwer von Papier trennen können, erweist sich ein Reißwolf oft eher als Hemmschuh denn als Hilfe.

## Zusammenfassung

- Papierkrempel ist dichter als Krempel, der nicht aus Papier besteht, und weist pro Stapel mehr Einzelstücke auf. Das ist ein Hauptgrund dafür, dass er einen oft regelrecht zu erschlagen scheint.
- Um sich von Papierkrempel zu trennen, sind zwei Arten von Zeit notwendig: Projektzeit und Wartungs- und Pflegezeit.
- Die Anforderungen an ein effektives Ablagesystem lauten: Es muss einfach, flexibel und erweiterungsfähig sein.
- Das Ablegen bezieht sich auf zwei Arten von Papier: Unterlagen und Dokumente, die aufbewahrt werden müssen und in der Anzahl begrenzt sind, und Hilfsmittel, die Sie nicht aufbewahren müssen, und die mengenmäßig nicht begrenzt sind.
- Mit Hilfe von drei Systemen lässt sich die Papierosis in den Griff bekommen: Zeitmanagement, Papierbearbeitungssystem und Ablage.
- Eine der schnellsten Methoden, mit denen sich sichtbare Ergebnisse beim Aussortieren von Stapeln erzielen lassen, besteht darin, den sperrigsten Krempel zuerst im Schnellverfahren auszusortieren.

# Kapitel 5

# Überwinden Sie Krempel und Raum

Wenn Sie Ihr Leben entrümpeln wollen, müssen Sie den richtigen Umgang mit „Krempel und Raum" erlernen. Weshalb? Weil oft eine magnetische Anziehungskraft besteht zwischen dem Krempel, der den meisten Raum ausfüllt, und den Räumen, die den meisten Krempel anziehen.

**Überblick**

Dieses Kapitel vermittelt Ihnen Methoden und Systeme zur Handhabung sowohl des nicht aus Papier bestehenden Krempels, also dem „Zeug" oder „Ballast", und den Bereichen, in denen er sich gern anhäuft. Viele Leute behaupten, sie hätten nicht genug Platz, aber das eigentliche Problem wird gewöhnlich durch das überflüssige Zeug verursacht, das den Raum ausfüllt. Zeug kann man leichter in den Griff bekommen, wenn man es in folgenden Zusammenhängen sieht:

1. Passives Zeug – Vorräte
2. Aktives Zeug – Besorgungen
3. Dauerhaftes Zeug – Kleidung und Haushalt

„Ich weiß, was Sie mich fragen werden, wenn ich diese Tür aufmache", meinte Janice, eine neue Kundin. Wir standen vor ihrer Garage. Sie drückte auf die Fernbedienung, und vor meinen Augen erschien ein höhlenartiger Raum, der bis zur Decke angefüllt war ... mit Schachteln. Hunderte von Pappschachteln in allen möglichen Größen und Variationen.

„Was ist denn in denen drin?", fragte ich und glaubte, die Antwort schon zu wissen.

Sie senkte die Stimme zu einem Wispern wie jemand, der ein sehr persönliches Geheimnis verrät. „Noch mehr Schachteln", gestand sie und fügte dann – wie zu ihrer Verteidigung – hinzu: „Das sind aber alles gute Schachteln."

Ich nickte auf, wie ich hoffte, zustimmende Weise. „Natürlich sind sie *gut*. Ich bin überzeugt, sie tun niemandem etwas zu Leide."

Janice schaute unbehaglich drein, als falle ihr gerade der Zweck unserer Sitzung ein. „In einigen waren Hochzeitsgeschenke – in den schönen goldenen", sagte sie, als hoffe sie, ich würde von dieser ansprechenden Beschreibung mitgerissen.

Es folgte eine lange, bedeutungsvolle Pause. „Wann", fragte ich schließlich, „haben Sie denn geheiratet?"

„Vor 14 Jahren."

*Ein Haus ist nur ein Haufen Zeug*
*mit einem Deckel darauf.*
George Carlin

## Zu viel des Guten?

Janice war, wie ich es nenne, ein schwerer Fall von „zu viel des Guten". Wie viele Leute mit Krempelproblemen, legte sie unverständlicherweise viel zu wenig Wert auf ihren Platz, ihre Zeit und ihr eigenes Wohlbefinden. Und da stand sie nun und zahlte mir Hunderte von Dollar, damit ich ihr half, ihre Hunderte von leeren Schachteln loszuwerden. (Dies ist übrigens ein keineswegs ungewöhnliches Erlebnis – immer wieder ist mir so etwas widerfahren.)

Weiter vorne zitierte ich William Morris: „Bewahre nichts bei dir zu Hause auf, was du nicht für nützlich oder schön hältst." Das ist ein kluger Rat zur Krempelkontrolle – aber nur bis zu einem gewissen Punkt. Der Haken dabei ist, dass er nicht der Bedeutung des „Guten Zeugs" Rechnung trägt. *Gutes Zeug* kann man so definieren: alles, was möglicherweise nützlich sein könnte" (wie Janices Schachteln).

Mir ist aufgefallen, dass meine Kunden und Workshop-Teilnehmer den Begriff „Gutes Zeug" nur für bestimmte Arten von Krempel verwenden – nämlich für Dinge, die sie nur schwer beschreiben oder rechtfertigen können. Sie sprechen beispielsweise nur selten von ihrer Kleidung als gutem Zeug, sie nennen sie immer Kleidung oder Klamotten. Auch Dinge wie Bücher, CDs, Haushaltswaren, Werkzeuge und Spielsachen werden meist beim Namen genannt, nicht bloß allgemein erwähnt.[1] Was sie aber Gutes Zeug nennen, ist einfach nur ... Zeug.

**Gut für was?**

Immer wenn Klienten bestimmte Gegenstände als Gutes Zeug beschreiben, weise ich sie darauf hin, dass Zeug nicht schon deshalb, weil es noch in Ordnung ist, automatisch gut *für sie* sein muss.

Im Lauf meiner zahlreichen Jahre in den Krempelgräben meiner Kunden entdeckte ich eine nützliche Methode, mit der man Gutes Zeug in Kategorien einteilen kann. Ich bemerkte allmählich, dass es in zwei Grundtypen daherkommt: als passives und aktives Zeug. Passives Zeug umfasst Vorräte aller Art – Produkte, die gelagert und regelmäßig wieder aufgefüllt werden müssen. Aktives Zeug bezieht sich auf die Gegenstände vom Typ „Mobiler Krempel" – Dinge, mit denen man etwas machen muss und/oder die man irgendwohin bringen muss. Ich habe auch beobachtet, dass diese beiden Arten von Gutem Zeug nur eines gemeinsam haben: Es gibt anscheinend immer viel zu viel davon.

In der Checkliste „Gutes Zeug" auf der folgenden Seite werden die häufigsten Arten von Anhäufungen in beiden Kategorien genannt. Kreuzen Sie bitte diejenigen an, die bei Ihnen Krempel verursachen.

*Wir neigen dazu, das gute Leben*
*mit einem Leben voll Gütern zu verwechseln.*
Simon Schama

**Checkliste „Gutes Zeug"**

*Passives Zeug/Vorräte:*

___ Schachteln (Geschenkschachteln, Versandschachteln, „Für-den-Fall-dass-wir-das-zurückgeben-müssen"-Schachteln)

___ Verpackungsmaterial (Styroporkügelchen, Luftpolsterfolie, Papierschnitzel)

---

[1] Außer wenn sie alle in einem Schrank oder in einer Garage zusammengeschmissen sind; dann höre ich oft diese Beschreibung: „Hier drin ist wirklich noch viel Gutes Zeug."

___ Taschen und Tüten (Papier- und Plastikeinkaufstüten, Geschenktüten)
___ Geschenkpapier (neues und gebrauchtes, Bänder und Schleifen)
___ Duplikate oder Mehrfachausführungen von so ziemlich jeder Art von Vorräten (Büro, Putzzeug, Kochen etc.)

*Aktives Zeug/Mobiler Krempel:*
___ Zeug, das zurückgebracht werden muss (in Geschäfte oder zu Freunden)
___ Zeug zum Recyceln (Flaschen, Dosen, Zeitungen etc.)
___ Zeug, das repariert werden muss
___ „Zeug, das ich verkaufen möchte, wenn ich mal einen Flohmarkt veranstalte"
___ „Zeug zum Verschenken – ich bin nur noch nicht dazugekommen"

## Haltbares

Passive und aktive Gegenstände sind nicht die einzigen Arten von Ballast, die für gut befunden werden. Es gibt außerdem *haltbares Zeug* – also Kleidung und die meisten Haushaltsgegenstände. Wie bereits erwähnt, sprechen die Eigentümer meiner Erfahrung nach von diesen Dingen gerne auf eine andere, spezifischere Weise. (Ich kann es nicht beweisen, aber ich vermute, es kommt daher, weil Kleidung und Haushaltsgegenstände vielleicht auf sichtbarere Weise nützlich erscheinen. Sie unterscheiden sich beispielsweise von unzähligen Schachteln oder Stapeln von recycelbaren Sachen, die oft tatsächlich wie Müll ausschauen, oder von übermäßigen Mengen von Vorräten, was ziemlich lächerlich wirken kann.)

In der Checkliste Krempelkategorien in Kapitel 2 sind zehn Typen von Kleidungsstücken und Accessoires und 18 Typen von Haushaltsgegenständen aufgeführt. Keineswegs überraschenderweise scheinen viele der haltbaren Sachen von bestimmten Räumen magnetisch angezogen zu werden, namentlich von Schränken und Garagen – also von Bereichen, die in zwei der zehn am häufigsten gestellten Krempelfragen erwähnt werden.

Die Trennung von all diesem Ballast unterscheidet sich vom Papieraussortieren, obwohl es hier auch Ähnlichkeiten gibt. Der wichtigste Unterschied ist, dass Zeug, anders als Papier, nichts mit „Dokumentation" zu tun hat. Im Wesentlichen ist Zeug wie „Hilfsmittel" zu betrachten: Eigentlich muss nichts von dem überzähligen Kram, den man aufbewahrt, wirklich aufbewahrt werden (dem Finanzamt sind diese Sachen mit Sicherheit völlig egal[2]). Sie halten nur daran fest, weil Sie noch nicht bereit waren, sich davon zu trennen ... bisher noch nicht, meine ich damit.

Die Entrümpelungsverfahren von Papier und Zeug ähneln sich insofern, als sowohl Prävention als auch Aussortieren fast immer notwendig sind, um Krempel loszuwerden. Aber weil sich Papier- und Zeugkrempel doch voneinander unterscheiden – Papierkrempel ist dicht und Zeugkrempel sperrig –, gibt es Unterschiede in der Reihenfolge des Vorgehens. Wie im vorhergehenden Kapitel beschrieben, erledigt man das Papieraussortieren dann am besten, wenn die Präventionssysteme bereits vorhanden sind. Bei Zeug hingegen sollte man für gewöhnlich erst aussortieren, und dann die entsprechenden Speichersysteme (Präventionssysteme) schaffen.

**Über Aussortieren und Prävention**

- Aussortieren hat damit zu tun, dass man sich bewusst dafür entscheidet – schnell und effektiv –, die bestehenden Hindernisse loszuwerden.
- Prävention umfasst das Einrichten von Speichersystemen und Wartungsverfahren (oder das Aufstellen von Regeln) für die Sachen, die zu behalten Sie sich entschließen.

## Fünf Schritte, um Zeug zu eliminieren

Nach meiner Erfahrung lassen sich alle drei Typen von Zeug mit Hilfe des folgenden Aussortierprogramms in fünf Schritten eliminieren:

1. Reservieren Sie sich für Ihr Entrümpelungsprojekt einen bestimmten Zeitraum, in dem Sie nicht unterbrochen werden. Stellen Sie sicher, dass Telefon, Türklingel, Fernsehen etc.

[2] Sofern Sie es nicht einer Wohltätigkeitsorganisation spenden und dies steuerlich geltend machen. Deshalb sollten Sie sich in diesen Fällen eine Spendenquittung geben lassen.

keine Ablenkungen verursachen. Ob eine Stunde oder drei Stunden hintereinander – jeder Zeitraum geht in Ordnung, je nach Ihrer Tatkraft und dem Projektumfang. Nutzen Sie einen tickenden Küchenwecker, damit Sie bei der Sache bleiben; so können Sie sich wirklich leichter konzentrieren. Sie werden überdies später „Zeit für Erledigungen" einplanen müssen, also für die Gegenstände, die Sie entdecken und die vielleicht in die Reinigung, zum Recyclinghof, zur Reparatur etc. gebracht werden müssen.

2. Bestimmen Sie genau, auf welchen Bereich Sie sich in der gegebenen Zeitspanne konzentrieren wollen. Seien Sie realistisch: Wenn Sie viel Krempel haben, werden Sie kaum alles in einer Sitzung durchforsten können. Setzen Sie sich ein erreichbares Ziel, damit Sie beim Summen des Küchenweckers sichtbare Ergebnisse erkennen können. Bei einer mit Krempel angefüllten Garage etwa konzentrieren Sie sich darauf, jedes Mal einen bestimmten Teil der Garage auszuräumen. Wenn Sie viele Schachteln, Kisten und/oder Taschen (oder andere Arten von Behältnissen) voller „Verschiedenes" haben, zählen Sie sie und setzen Sie fest, wie viele Sie jeweils in einer Sitzung bewältigen können.
3. Besorgen Sie sich sechs geräumige Schachteln oder Waschkörbe aus Kunststoff (quadratisch oder rechteckig) und beschriften Sie sie (mit Klebeetiketten): Reinigen; Weggeben/Verkaufen; Recyceln; Reparieren; Zurückgeben; Behalten. (*Beachten Sie bitte*: In verschiedenen Situationen brauchen Sie vielleicht verschiedene Kategorienamen oder Behälter in anderer Anzahl oder Größe.) Halten Sie auch einen großen Abfalleimer griffbereit, nicht lediglich eine Tüte.

*Ich besaß nicht 3.000 Paar Schuhe. Ich besaß 1.060.*
Imelda Marcos

4. Nehmen Sie jeweils nur einen Gegenstand in die Hand und entscheiden Sie, in welchen beschrifteten Behälter Sie ihn geben. Ihr Ziel sollte es sein, so viele Dinge wie möglich in den Abfallbehälter bzw. die Behälter für „Weggeben/Verkaufen" und „Recyceln" zu befördern. Fragen Sie sich jedes Mal, wenn Sie schwanken: „Wie gut könnte ich ohne diesen Gegenstand leben?" Wenn Sie unschlüssig sind, spornen Sie sich an, indem

Sie sich fragen: „Macht es mehr Mühe, diesen Gegenstand zu behalten, als er mir wert ist?“ Gegenstände, die in der „Behalten“-Schachtel landen, sollten Sie jeweils mit wieder entfernbaren Aufklebern kennzeichnen, auf denen etwa „Küche – Spülenunterschrank“ oder „Arbeitszimmer – Bücherregal“ steht, außer Ihnen ist völlig klar, wohin dieser Gegenstand gehört.

5. Wenn die etikettierten Behälter voll sind, sollten Sie den Inhalt folgendermaßen verteilen:

- **Reinigen:** Bringen Sie Waschbares in den Schmutzwäschebehälter; legen Sie Stücke, die zur chemischen Reinigung sollen, in eine Tasche, versehen Sie die Tasche mit dem Aufkleber „Chemische Reinigung“ und bringen Sie sie innerhalb von 48 Stunden dorthin (oder beauftragen Sie jemand anderen damit).
- **Weggeben/Verkaufen:** Verfahren Sie ebenso, wie unter „Reinigen“ beschrieben, allerdings jetzt entsprechend abgewandelt. Seien Sie ehrlich, ob Sie wirklich in der nahen Zukunft dazu kommen werden, einen Flohmarkt zu veranstalten; möglicherweise lohnt es sich letztlich mehr für Sie, wenn Sie zu verkaufende Gegenstände einer Wohltätigkeitsorganisation spenden – vor allem wenn diese die Sachen bei Ihnen abholt – und Sie sich eine Spendenbescheinigung fürs Finanzamt geben lassen.
- **Recyceln:** Je nachdem, ob Recyclingmüll in Ihrer Gemeinde abgeholt wird oder Sie zum Recyclinghof fahren müssen (oder jemanden zum Abholen bestellen müssen), können Sie vielleicht einfach Ihren wiederverwertbaren Müll in den gelben Sack/die gelbe Tonne werfen oder müssen ihn mühsam in Ihr Auto laden und, wie bei der chemischen Reinigung, innerhalb von 48 Stunden wegbringen.
- **Reparieren:** Überlegen Sie, ob es sich lohnt, bestimmte Gegenstände zu reparieren, oder ob es nicht besser ist, sie einer Wohltätigkeitsorganisation zu spenden und etwas Neues zu kaufen. Wenn Sie sich fürs Reparieren entscheiden, überlegen Sie, wohin Sie die Dinge zur Reparatur bringen werden. Dann ins Auto damit – und erledigen Sie das innerhalb von 48 Stunden.

- **Zurückbringen:** Befolgen Sie das gleiche Verfahren wie unter „Reparieren" geschildert.
- **Behalten:** Tragen Sie die Schachtel/den Korb mit dem Etikett „Behalten" von Zimmer zu Zimmer und räumen Sie dabei die Gegenstände ein. Räumen Sie die Sachen immer möglichst nah bei dem Platz ein, an dem sie gebraucht werden, und nutzen Sie schwer zugänglichen Stauraum nur für selten verwendete Gegenstände. Wenn manche Schubladen, Regale etc. bereits zu voll sind und nichts mehr hineinpasst, fragen Sie sich, welche Gegenstände Sie entbehren können: die im „Behalten"-Korb oder die, die den Platz ausfüllen, wohin Sie die Gegenstände aus dem „Behalten"-Korb räumen wollen. Eins davon muss weg! Und wenn Sie zu viele Sachen behalten, indem Sie die beliebte Ausrede „Ich könnte das ja irgendwann mal brauchen" vorbringen, denken Sie daran, dass Sie sich Dinge immer kaufen können, aber nie mehr Zeit. Verschwenden Sie also nicht Ihre kostbare Zeit, indem Sie zu viel Zeug aufheben!

*Müll ist Zeug, das wir wegwerfen;*
*Zeug ist Müll, den wir behalten.*
Unbekannt

**Legen Sie bei der Lösung Ihrer Stauraumprobleme Kreativität an den Tag**

Zeigen Sie Einfallsreichtum, während Sie die Sachen sichten, die Sie behalten wollen, und während Sie nach Plätzen suchen, an denen Sie alles verstauen können. Zuerst sortieren Sie die Gegenstände in fünf Kategorien; Kriterium dabei ist, wie oft Sie sie gebrauchen:

1. Mindestens täglich – Unterwäsche, Zahnpasta/-bürste, Fön etc.
2. Mindestens wöchentlich – Lieblingsklamotten, Sportkleidung und Schuhe
3. Mindestens monatlich – Kleidung für besondere Anlässe, Schmuck, bestimmte Schuhe
4. Selten, wenn überhaupt – festliche Kleidung (z. B. Smoking, Abendkleid)

5. Je nach Jahreszeit – Schneeanzüge, Skianzüge, Handschuhe, Hüte und Mützen, Badekleidung

Denken Sie an folgende allgemeine Regeln, wenn Sie sich entscheiden, wo Sie diese Dinge aufbewahren:

- Die Sachen, die Sie am häufigsten verwenden, sollten am leichtesten zugänglich sein.
- Bewahren Sie selten Benutztes in durchsichtigen Plastikbehältern auf (Schuhbehälter/Pullibehälter), damit Sie den Inhalt sehen können und nicht vergessen, was Sie alles dort gesammelt haben. Wenn Sie keine durchsichtigen Behälter verwenden, sollten Sie alles deutlich beschriften.
- Verwenden Sie Haken (oder ganze Hakenleisten) an der Rückseite von Türen oder selbst an freien Wandflächen, damit Sie leicht Sachen aufhängen können. Dies kann vor allem hilfreich für die Leute sein, die ihre Kleidung oft auf dem Boden liegen lassen.
- Stapeln Sie niedrige Körbe in tiefen Schubladen für Unterwäsche, Socken und Accessoires. Häufig verwendete Gegenstände sollten im oberen Korb liegen.

## Wenn Sie in Vorräten ertrinken

Bei den meisten Vorräten handelt es sich um bestimmte Gruppen von Gegenständen, die man braucht, um verschiedene Dinge zu tun oder in Gang zu halten. Wie jeder, der schon mal beim Einkaufen war, weiß, gibt es viele verschiedene Arten von Vorräten, und jede davon kann Krempel verursachen.

Schauen Sie sich noch einmal den Vorräte-Abschnitt der Checkliste Krempelkategorien in Kapitel 2 an, um zu sehen, welche Arten von Vorräten zu Ihrem Krempel beitragen. Der Hauptunterschied zwischen Vorräten und anderem Zeug besteht darin, dass Vorräte eigentlich regelmäßig wieder aufgefüllt werden sollten, da sie aufgebraucht werden. Krempelprobleme tauchen auf, wenn Vorräte wiederholt in zu großen Mengen eingekauft werden. Kauft man noch mehr Vorräte, obwohl der Stauraum bereits voll ist, ist dies so, als würde man Wasser in einen bereits vollen Eimer gießen. Kein Wunder, dass mir so viele Leute erzählen, sie hätten das Gefühl, sie würden „in Krempel ertrinken".

Zu ihnen gehörte auch Janice, meine „Schachtelitis"-Kundin. Und auf folgende Weise rettete ich sie (und viele andere Personen mit ähnlichen Problemen) vor dem „Ersticken" in gutem Zeug wie Schachteln, Taschen und Kunst- und Handwerksmaterial – alles Zeug, das sich wahrlich schneller anhäuft, als man es gebrauchen kann. *Beachten Sie bitte*: Diese Schritte lassen sich auch abwandeln, um anderes Zeug zu entsorgen, das zur Kategorie „passives Zeug" gehört.

**Der beste Platz für die Lagerung von Vorräten**

Bestimmte Plätze sind wie geschaffen zur Lagerung vieler, vieler Vorräte. Diese Plätze nennt man „Stauraum".

## Reduzieren Sie den passiven Krempel

1. **Erkennen Sie, welcher Typ/welche Typen von Vorräten ein Krempelproblem verursachen.** In Janices Fall waren natürlich die Schachteln der Hauptübeltäter. Ihr Fall liegt vielleicht anders (oder auch nicht); lesen Sie noch einmal die Checkliste Krempelkategorien in Kapitel 2 durch, damit Sie sich auf Ihre speziellen Vorratsprobleme konzentrieren können.
2. **Wählen Sie den besten Platz/die besten Plätze zur Aufbewahrung aus.** Bei der Entscheidung sollten Sie daran denken, dass Sie Ihre Vorräte am besten möglichst nah an dem Ort, an dem sie tatsächlich verwendet werden, aufbewahren. Die Häufigkeit des Gebrauchs sollte ebenfalls den Aufbewahrungsort beeinflussen: Lagern Sie die Vorräte, auf die Sie am häufigsten zurückgreifen müssen, an den am einfachsten zugänglichen Stellen; selten verwendete Vorräte können Sie in die hinterste Ecke Ihrer Wohnung verbannen.

   Ich fragte Janice, wie oft sie tatsächlich Schachteln brauche, und sie gab zu, dass dies nicht öfter als fünf Mal im Jahr der Fall sei – und dann müsse sie meist losziehen und eine Versandschachtel kaufen, weil sie die richtige Größe oder Art in ihrem Schachtelurwald nicht finden könne. (Sie war jedoch nicht bereit, sich von allen zu trennen; sie wollte eine „vernünftige Anzahl" griffbereit haben, damit sie weiterhin die Möglichkeit hatte, einige noch zu verwenden.)

**Wo Sie es brauchen – nicht, wo es hineinpasst**

Räumen Sie die Sachen nicht einfach dorthin, wo sie hineinpassen, sondern dahin, wo sie Ihnen am besten von Nutzen sind und Ihnen Zeit und Mühe sparen.

3. **Entscheiden Sie, wie viel Stauraum Sie der Vorratshaltung widmen wollen.** Dann fragte ich Janice, wie viel Platz sie für ihre Schachtelsammlung verwenden wolle. Da sie nie zuvor darüber nachgedacht hatte, wusste sie keine Antwort darauf. Also bot ich ihr einige Möglichkeiten an. In einem solchen Fall beginne ich in der Regel mit etwas Absurdem. Ich fragte Janice: „Was halten Sie davon, einfach weiterhin die ganze Garage als Lagerplatz für Schachteln zu benutzen?" Ihre Antwort kam wie aus der Pistole geschossen: „Nein!" „Gut, wie wäre es mit der halben Garage?" „Hmmm ... nein." „Na, dann mit einem Viertel?" „Hm, tja vielleicht ... nein."
   Schließlich brachte ich sie so weit, dass sie mir vorschlug, dass zwei Regalbretter mit Schachteln ausreichten. Dass sie selbst zu dieser Schlussfolgerung kam, war ein wichtiger Entwicklungsschritt. Danach konnten wir mit dem nächsten Schritt fortfahren.
4. **Teilen Sie das Zeug in Kategorien ein und bilden Sie Gruppen.** Schauen Sie sich Ihre Vorräte an und fassen Sie alle ähnlichen Gegenstände in Gruppen zusammen. Im Fall von Janices Schachteln entfernten wir alle Schachteln, die in anderen Schachteln steckten, breiteten sie aus (das ergab eine ziemliche Landschaft) und gruppierten sie dann nach Größe und Sorte zu Kategorien. Als sie sehen konnte, wie viele von jeder Sorte sie angehäuft hatte, war sie bereit für den nächsten Schritt.
5. **Reduzieren Sie den Krempel durch Mengenbegrenzung.** Ich verwende oft die „Nenne-eine-Zahl"-Taktik, indem ich die Kundin bitte, eine bestimmte Anzahl von Gegenständen aus jeder Kategorie oder Untergruppe auszuwählen und dann zu sehen, ob der dafür vorgesehene Platz ausreicht. Janice beispielsweise entschied anfangs, drei Schachteln von jeder Sorte wären zu „handhaben", also reduzierten wir den Krempel entsprechend. Aber es blieben noch immer zu viele Schachteln

übrig, als dass sie auf den dafür vorgesehenen Regalen Platz gefunden hätten, also reduzierte sie die Anzahl auf zwei. Dieses Verfahren kann sehr erzieherisch auf jeden wirken, der nie wirklich darüber nachdachte, wie viel von einer bestimmten Art von Gegenständen bequem auf eine bestimmte Stelle oder in einen bestimmten Stauraum passen. Wenn Sie sich der Begrenzungen Ihres Stauraums bewusst sind, kaufen Sie wahrscheinlich nicht mehr ein solches Übermaß an Vorräten ein und überschreiten nicht mehr Ihre Grenzen. (*Beachten Sie bitte*: Dieser Schritt ist besonders wichtig, wenn Sie ein Schachtelfan mit einer Überfülle an „Für-den-Fall“-Schachteln sind, also Schachteln, die Sie für den Fall aufgehoben haben, dass Sie etwas zurückgeben müssen oder umziehen wollen.)

**Nennen Sie eine Zahl**

Die „Nenne-eine-Zahl“-Taktik lässt ein Entkrempelungsprojekt zu einer weniger belastenden Angelegenheit werden. Denn indem Sie Ihre Aufmerksamkeit von dem Unbehagen, das Sie angesichts der bevorstehenden Entrümpelungsaktion empfinden, weglenken und sich darauf konzentrieren, wo Sie das Zeug aufbewahren können, fällt Ihnen das Entsorgen leichter.

## So bekommen Sie zu große Bürobedarfsvorräte in den Griff

Eine Art von passivem Zeug scheint heutzutage nahezu jeden zu plagen: Bürobedarfsvorräte.

Man bevorratet sich nur zu leicht mit einem Übermaß an Bürobedarf, weil viele dieser Produkte billig zu kaufen sind; und so vermehren sie sich schnell und können viel Platz beanspruchen. Besonders traurig finde ich jedoch das vergeudete Potenzial an Zeitersparnis; wenn Bürovorräte an den richtigen Stellen verwahrt werden, können sie tatsächlich eine Hilfe sein.

Wenn Sie also Schächtelchen mit Büroklammern, zahlreiche Haftnotizblöcke, Berge von Papier und Becher voller Stifte angesammelt haben, ganz zu schweigen von all den angefangenen Blöcken ... wird es höchste Zeit, sich mit ihnen zu befassen! Und zwar so:

**Übergroßer Vorrat an Bürobedarf: Vorratswirtschaft mit Schächtelchen mit Büroklammern, zahllose Haftnotizblöcke, Berge von Papier, mit Stiften vollgestopfte Becher ...**

1. Gruppieren Sie alle ähnlichen Gegenstände zusammen (Stifte zu Stiften, Tesa zu Tesa etc.), damit Sie auf einen Blick sehen können, wie viel Sie jeweils davon haben.
2. Listen Sie die Orte auf, an denen Sie sich gerne mit Papierkram beschäftigen (z. B. Post durchsehen, Rechnungen bezahlen, Gutscheine ausschneiden, Kataloge anschauen, lesen). Küche, Esszimmertisch, Wohnzimmer, Schlafzimmer, Bad, Arbeitszimmer und Auto sind allesamt beliebte Orte, um Papiere zu bearbeiten und zu stapeln.
3. Für jeden Ihrer Papier magnetisch anziehenden Bereiche besorgen Sie sich einen kleinen Behälter – einen Korb von etwa 15 Zentimeter Durchmesser – in dem Sie häufig verwendeten Bürobedarf (Kuli/Bleistift, Notizblock, Textmarker, Schere, Heftmaschine, Büroklammern, Haftnotizen) legen. Bei dem Material, das Sie für Ihr Minibüro auswählen, sollte es sich um Gegenstände handeln, von denen Sie sich immer schon gewünscht haben, sie griffbereit zu haben.

4. Wählen Sie eine konkrete Stelle – wie eine Schublade oder eine Schachtel – aus, um dort zusätzliches Büromaterial zu lagern.
5. Spenden Sie alle übrigen Vorräte einer Wohltätigkeitsorganisation, einer Schule oder wem auch immer. Dann sind sie zumindest noch jemand anderem zu etwas nütze – außer Sie haben zu lange damit gewartet und die Stifte sind eingetrocknet, die Büroklammern verrostet und die Umschläge zugepappt, was alles mit überzähligen Vorräten passieren kann.

## Wie Sie Hunde- und Katzenkrempel in Schach halten

Wenn Sie zu den Millionen Amerikanern oder Deutschen gehören, die eine Katze und/oder einen Hund halten, tragen höchstwahrscheinlich Ihre Vorräte für Ihr Haustier zu einem Großteil zu dem passiven Krempel bei Ihnen zu Hause bei. Tierfutter und -pflegeprodukte sind häufige Krempelmissetäter, genau wie Spielzeug; aber man kann sie mit Hilfe einiger einfacher Hilfsmittel und Regeln in Schach halten:

- Bestimmen Sie einen Bereich speziell für die Lagerung von Haustierbedarf. Sonst verlieren Sie am Ende nur zu leicht den Überblick über all die Stellen, an denen Sie Vorräte gehamstert haben (bitte um Entschuldigung für das Wortspiel) und betreiben eine zu große Lagerhaltung. Im Idealfall sollten Sie die gewählte Stelle leichter erreichen können als Ihr(e) Haustier(e).
- Ein Kunststoffrollwagen mit stapelbaren Behältern und /oder Schubladen kann sich als gutes „Haustiervorratscenter“ eignen. (Diese Wagen bekommt man schon für wenig Geld in Kaufhäusern.) Eine große, tiefe untere Schublade eignet sich gut, um Spielzeug für die Haustiere oder Katzenstreu aufzubewahren. Eine Schaufel kann griffbereit bei der Katzenstreu verwahrt werden. Andere Schubladen kann man für Dinge wie Pflegebedarf, Medikamente und Futterdosen verwenden.
- Bei der effektiven Schranklagerhaltung von Trockenfutter helfen Ihnen durchsichtige Kunststoffbehälter für Frühstücksflocken, die mit leicht zu öffnenden Deckeln versehen sind

und die zudem verhindern, dass das Futter aufweicht. Ein weiterer Vorteil: Weil der Inhalt sichtbar ist, sehen Sie, wann er zur Neige geht. (Und raten Sie mal: Diese Behälter eignen sich auch ausgezeichnet zum Aufbewahren von Nahrungsmitteln für den menschlichen Bedarf.) Aber wenn Ihre Schränke bereits zu voll sind und Sie derlei nicht mehr unterbringen können, lesen Sie weiter.

## Räumen Sie Krempelhöhlen aus

Küchen und Badezimmer ziehen verschiedene Arten von passivem Zeug an, vielleicht weil diese beiden Räumlichkeiten immer „Krempelhöhlen" beherbergen – besser bekannt unter dem Namen Schränke oder Stauraum.

Werfen Sie beispielsweise einen Blick in Arzneimittelschränke, und Sie entdecken meistens viel mehr als nur Medizin. Sieht so aus, als würde hier alles landen, zusammengepfercht in diesen kleinen schmalen Fächern: Kosmetik- und Körperpflegeartikel, Rasierzeug, Zahn- und Haarpflegeartikel, Kontaktlinsenpflegebedarf, Sonnenschutzmittel, Putzzeug ... Was nicht mehr hineinpasst, landet natürlich für gewöhnlich im Waschbeckenunterschrank oder wird auf Ablagen und anderen Oberflächen verteilt. Dasselbe passiert in Küchen, allerdings sind die Vorräte hier eher essbarer Natur. Küchenschränke enthalten oft auch haltbares Zeug wie Koch- und Essutensilien und verschiedene Haushaltsgeräte (viele davon vergessen oder selten benutzt).

Aber es besteht kein Grund zur Verzweiflung – zumindest nicht dann, wenn Sie das folgende einfache Verfahren zum Entleeren dieser Krempelhöhlen in vier Schritten befolgen.

### Schritte zur Überwindung von Schrankkrempel

1. **Entleeren Sie.** Entfernen Sie den Inhalt jedes Schrankes (nur ein Schrank jeweils); werfen Sie alte und/oder unnütze Vorräte und Produkte weg. Das schließt all diese klitzekleinen, süßen Hotelflakons mit Körperpflegemitteln, putzige Marmeladengläschen (aus Geschenkkörben oder vom Zimmerservice) und zusammengeschrumpelte Ketchup-Tüten oder andere Soßen vom Pizzaservice mit ein.

2. **Teilen Sie in Kategorien ein.** Fassen Sie die verbleibenden Gegenstände zu Kategorien zusammen, etwa (Bad) Kosmetik, Zahnpflege, Haarpflege, Arzneimittel; (Küche) Dosen, Gläser/Becher, Putzmittel, Kochutensilien.
3. **Denken Sie nach.** Gehören alle diese Gegenstände wirklich in Ihre Schränke? Überlegen Sie, welche Dinge Sie am häufigsten gebrauchen und wo Sie sie meistens im Einsatz haben; dann bringen Sie weniger wichtige Gegenstände an angemesseneren Stellen unter (z. B. in dem Verschenken-Behälter oder vielleicht dem Mülleimer).
4. **Bündeln Sie.** Verwenden Sie rechteckige, vorzugsweise durchsichtige Behälter für die Aufbewahrung von Produkten, die Sie oft zusammen gebrauchen. Etwa im Bad: Hautpflege (Waschlotion/Feuchtigkeitscreme/Gesichtswasser), Zahnpflege (Zahnpasta/Mundwasser/Zahnseide), Rasierzeug (Rasierer/Rasiercreme/Aftershave).

**Packen Sie um**

Sie können überdies Badezimmer- und Küchenkrempel reduzieren, wenn Sie es sich angewöhnen, unpraktische Verpackungen verschiedener Produkte, die Sie kaufen, wegzuwerfen und sie durch wieder verwendbare, praktische Behälter und Spender bzw. Schütten zu ersetzen. Suchen Sie nach durchsichtigen Kunststoffbehältern, die für die Aufbewahrung zahlreicher Vorräte verwendet werden können (Körperpflegemittel; Frühstücksflocken und Nudeln; alles, was Sie regelmäßig griffbereit haben müssen).

## Nehmen Sie mobilen Krempel in Angriff

Eine gewisse Menge an Krempel wird verursacht durch aktives Zeug, das jedoch vollständig verbraucht worden ist. Aktives Zeug sollte eigentlich in Bewegung sein – genauer gesagt, auf dem Weg hinaus. Das ist der Stoff, aus dem „mobiler Krempel“ entsteht.

Vergessen Sie nicht: Mobiler Krempel ist wie ein Hund, man muss ihn regelmäßig ausführen – oder zumindest vor die Tür stellen –, sonst sorgt er in Ihrer Wohnung für eine unliebsame Bescherung.

**Mobiler Krempel (Zeug, das man irgendwohin bringen muss)**

*Sachen, die dauerhaft weg müssen:*

___ Ausgehende Post
___ Pakete zum Versenden
___ Einkäufe, die wieder zurückgegeben (oder umgetauscht) werden
___ Bücher und Zeitschriften, die in die Bücherei zurückgebracht (oder ihr gestiftet) werden
___ Leihvideos, die zurückgebracht werden müssen
___ Gegenstände, die man Wohltätigkeitsorganisationen spendet
___ Zeug, das recycelt wird

*Dinge, die man wegbringen muss, die aber zurückkommen sollten:*

___ Kleidung, die chemisch gereinigt oder geändert werden muss
___ Schuhe, die zum Schuhmacher müssen
___ Andere Dinge, die repariert werden müssen
___ Filme, die entwickelt oder nachbestellt werden müssen
___ Sachen, die man sich mit Freunden, Bekannten, Nachbarn, Familienmitgliedern, Arbeitskollegen teilt

## Errichten Sie ein effektives System für Ihren mobilen Krempel

Wenn Sie irgendwelche Gegenstände vom Typ „mobiler Krempel" als Krempelquellen ausmachen, brauchen Sie ein gutes Wartungssystem, um sie in den Griff zu bekommen. Ein solches System besteht aus zwei Grundbestandteilen:

1. Einem dafür vorgesehenen Bereich
2. Einem Zeitlimit

*Dafür vorgesehener Bereich*

Ihr System „Mobiler Krempel" kann dort platziert werden, wo es für Sie am praktischsten ist. Vielleicht müssen Sie herumexperimentieren, bis Sie die richtige Stelle finden. Meiner Erfahrung nach befindet sich der beste Platz oft in der Nähe der Eingangstür, die Sie am häufigsten benutzen, also im Allgemeinen neben der

Haustür oder der Tür, durch die Sie zur Garage oder dem Autostellplatz gehen.

Stellen Sie dort einen kleinen Tisch oder einen Rollwagen mit stapelbaren Einlegebehältern auf, um Dinge, die aus dem Haus müssen, zwischenzulagern. Vor allem quadratische oder rechteckige Behälter (runde oder ovale nützen den Platz weniger gut aus) harmonieren mit dem Tisch oder Wagen, vor allem wenn Sie mit Ihren häufigsten „Mobiler-Krempel"-Kategorien beschriftet sind. Einkaufskörbe mit Klapphenkeln wie die in Geschäften verwendeten eignen sich meist besonders gut, um alle möglichen Sachen zu transportieren.

**Tipp:** Der Platz, an dem Sie „mobilen Krempel" aufbewahren, eignet sich auch gut als „Landebahn" für oft benutzte und häufig verlegte Gegenstände wie Schlüssel und Sonnenbrillen; bewahren Sie dort auch einen Stift oder Kugelschreiber und einen Haftnotizblock auf, damit Sie sich schnell Merkzettel schreiben können.

Manche meiner Kunden äußerten tatsächlich Bedenken, dass durch solch einen Bereich der Haupteingang „zu unordentlich" aussehen könnte. Dabei handelt es sich meist um diejenigen Leute, die Berge von Krempel überall im ganzen Haus verteilt haben. Ich entgegne ihnen dann:

„Unordentlich im Vergleich womit?" Aber diese Sorge kann dann berechtigt sein, wenn Sie permanent Sachen zum Haupteingang bringen, aber dann nie aus dem Haus schaffen. Und aus diesem Grund ist der zweite Hauptbestandteil eines jeden effektiven Systems „Mobiler Krempel" das Zeitlimit, die Sie sich selbst auferlegen.

### *Zeitlimit*

Der Trick besteht darin, eine Regel aufzustellen: Alles, was in den Bereich „Mobiler Krempel" gebracht wird, muss innerhalb einer festgesetzten Frist weggebracht werden.[3] Hinweis: Ein Jahr ist keine geeignete „festgesetzte Frist", sofern Sie nicht wollen, dass aus diesem Bereich ein Krempelloch wird. Ich empfehle eine Zeitspanne von einer Woche – maximal. Am besten lässt sich diese Regel durchsetzen, indem Sie regelmäßige Bearbeitungszeiten für Ih-

[3] „Wegbringen" heißt nicht „ins Auto schmeißen und hoffen, dass es von selbst seinen Bestimmungsort erreicht". Außer Sie fahren gern mit einem Krempelmobil.

ren „mobilen Krempel" in Ihrem Zeitmanagementsystem oder Kalender ansetzen.

Manche Leute kümmern sich um ihren mobilen Krempel vorzugsweise am Samstag, während andere unter der Woche dazu kommen, je nach persönlichem Zeitplan. Welche Möglichkeit auch immer für Sie funktioniert, ist gut, solange Sie sich regelmäßig um den mobilen Krempel kümmern. Eine Alternative: Bezahlen Sie jemanden dafür, dass er sich um diese Art von Krempel kümmert. (Wenn Sie niemanden kennen, den Sie dafür anheuern könnten, schauen Sie in den Gelben Seiten oder den Anzeigeblättern unter Dienstleistungen oder Verschiedenes nach.) *Beachten Sie bitte:* Mit Hilfe der oben beschriebenen, beschrifteten Körbe können Sie es gut organisieren, dass sich jemand anderer um Ihren mobilen Krempel kümmert.

## Umherirrender „mobiler Krempel"

Was, wenn Sie merken, dass es trotz regelmäßiger Anstrengungen Ihrem „Mobiler-Krempel"-Bereich doch irgendwie gelungen ist, sich in einen Krempeltümpel zu verwandeln? Meinen Beobachtungen zufolge kann man auf verschiedene Weisen sein System „Mobiler Krempel" sabotieren:

1. Indem man dem dafür bestimmten Bereich erlaubt, eine Art Sammelplatz für aufgeschobene Entscheidungen zu werden, wie etwa:
   - neu gekaufte Gegenstände, von denen man nicht genau weiß, ob man sie nicht doch zurückbringen will;,
   - Gegenstände, die repariert werden müssen, aber vielleicht den Aufwand gar nicht mehr lohnen;
   - Gegenstände, bei denen man unschlüssig ist, ob man sie nun verschenken soll oder nicht.

> Wenn aufgeschobene Entscheidungen die Ursache für vor sich hin gammelnde Gegenstände sind, nehmen Sie jeden Gegenstand einzeln in die Hand, schauen Sie ihn an und fragen Sie sich: „Was könnte schlimmstenfalls passieren, wenn das morgen für immer verschwinden würde?" Je nachdem, wie Ihre Antwort ausfällt, können Sie eine der folgenden Optionen wählen:

- Werfen Sie den Gegenstand weg oder schenken Sie ihn her.
- Versehen Sie ihn mit einem „Verfallsdatum“ (mittels eines Haftklebezettels) von höchstens einer Woche von heute an und notieren Sie in Ihrem Zeitmanagementsystem einen entsprechenden Vermerk. Wenn jenes Datum naht und der Gegenstand immer noch im Bereich „Mobiler Krempel“ verweilen sollte, dann werfen Sie ihn weg oder verschenken Sie ihn.

2. Durch Gedächtnislücken, wie etwa:
   - Dinge, die man wiederholt einem Freund oder Verwandten, den man nur gelegentlich sieht, zurückzugeben vergisst
   - Sachen, bei denen man anscheinend nie dazukommt, sie dorthin zurückzubringen, wo sie hingehören.

Falls Gedächtnislücken an der Verkrempelung Ihres Bereiches „Mobiler Krempel“ schuld sind, müssen Sie von nun an Erinnerungsvermerke bezüglich dieser Gegenstände in Ihr Zeitmanagementsystem eintragen. Es kann auch helfen, sich eine Erinnerung auf einen Haftnotizzettel in Augenhöhe an die Tür zu kleben. Aber Sie sollten diese Methode nicht überstrapazieren, sofern Sie nicht einen mit Zetteln verbarrikadierten Eingang haben wollen. *Tipp*: Wenn Sie sich anscheinend einfach nicht daran erinnern können, jemandem dann etwas zurückzugeben, wenn Sie ihn sehen, schicken Sie es ihm doch einfach per Post (als Wertsendung, falls nötig).

3. Indem man diesen Bereich in eine Müllhalde mit Dingen verwandelt, die wirklich nicht dorthin gehören, wie:
   - alles, was keinen Bestimmungsort (chemische Reinigung, Bücherei etc.) und keine Frist hat, innerhalb derer es dorthin gebracht werden muss;
   - zu viel „Verschiedenes“ auf der Landebahn (die primär für Schlüssel, Sonnenbrillen, Kuli oder Bleistift oder Haftnotizblock) reserviert sein sollte;
   - übermäßig viel Bekleidung und/oder Accessoires (Mützen, Hüte, Handschuhe, Schals, Handtaschen, Schuhe, Jacken).

Wenn das aktive Zeug in Ihrem Bereich „Mobiler Krempel“ durch passives oder dauerhaftes Zeug verdrängt wurde, erstellen Sie eine Liste der Arten von Gegenständen, die mit Vorliebe hier landen. Dann schauen Sie, ob Ihnen andere Möglichkeiten einfallen, um diese Dinge entweder irgendwo unterzubringen oder ihre Anhäufung hier zu verhindern. Wenn zum Beispiel ständig Kleidung und Accessoires diesen Bereich verkrempeln, sollten Sie überlegen, ob Sie nicht ein paar Haken auf der Innenseite einer Tür in der Nähe oder an einem passenden Platz an der Wand anbringen. Ein Kleiderständer oder eine Hutablage wäre ebenfalls eine Möglichkeit.

Vergessen Sie nicht: Je weniger Zeug Sie erwerben und von je mehr Sie sich trennen, mit umso weniger mobilem Krempel müssen Sie sich herumschlagen.

**Auf einen Blick: Errichtung eines Systems für den „mobilen Krempel“**

1. Errichten Sie Ihr System, indem Sie einen kleinen Tisch oder einen Rollwagen bei der von Ihnen am häufigsten benutzten Eingangstür aufstellen. Vielleicht möchten Sie dort auch einige beschriftete Behälter für Ihre „Mobiler-Krempel“-Kategorien installieren.
2. Setzen Sie eine wöchentliche Erledigungszeit für den „mobilen Krempel“ an oder engagieren Sie jemanden, der diese Arbeit für Sie übernimmt.

## Baggern Sie Krempelhöhlen aus

Manchmal füllt sich Ihr System für den mobilen Krempel immer mehr an, weil ein in der Nähe befindlicher Schrank sich in eine „Krempelhöhle“ verwandelt hat, die mit Kleidung oder anderen Gegenständen voll gepropft ist und regelrecht überfließt. Wenn dies die Ursache des Problems ist, vergessen Sie es, das Problem zu lösen, indem Sie dort zusätzliche Haken oder eine Hutablage anbringen, wie ich oben vorgeschlagen habe. Das wäre so, als würden Sie ein Heftpflaster auf eine Schusswunde kleben.

Jeder Ihrer verkrempelten Schränke kann wirksam ausgebaggert werden, wenn Sie die in diesem Kapitel bereits geschilderten „Fünf Schritte zur Eliminierung von Zeug“ befolgen.

Wenn Sie sich nur schwer von Kleidung und Accessoires trennen können, sollten Sie eine Regel immer dann befolgen, wenn Sie mitten im Aussortieren stecken bleiben: *Behalten Sie den Gegenstand nur, wenn Sie darin jetzt gut aussehen und sich auch darin wohl fühlen*. (Nicht das eine oder andere, sondern beides.) *Jetzt* lautet hier das Schlüsselwort. In puncto Kleidung verdrängen Vergangenheit und Zukunft gern die Gegenwart.

Trennen Sie sich von Kleidung, in der Sie einmal gut aussahen und sich wohl fühlten, und von Kleidung, die Ihnen Ihrer Ansicht nach „eines Tages“ wieder passen wird. *Beachten Sie bitte*: In Kapitel 7 finden Sie weitere Ratschläge zum Ausforsten des Kleiderkrempels.

**Die Eingangs-/Ausgangs-Bestandsregel**

Hier eine effektive Regel, wie man Schränke und andere Bereiche krempelfrei hält: Jedes Mal, wenn Sie einen Gegenstand nach Hause bringen, wählen Sie einen anderen ähnlichen Gegenstand aus, von dem Sie sich dann trennen (etwas aus derselben Kategorie). Wenn Sie sich zum Beispiel neue Schuhe kaufen, durchstöbern Sie Ihre Schuhsammlung und suchen ein Paar heraus, das Sie seit Ewigkeiten nicht mehr getragen haben; dann bringen Sie es in den Bereich „Verschenken“ Ihres Mobilen Krempelsystems.

## Ein Entkrempelungsplan für die Garage

Gut, Sie haben zu guter Letzt Ihr Gutes Zeug – Vorräte und den mobilen Krempel – in den Griff bekommen. Sie haben sogar Ihre diversen Krempelhöhlen und -kavernen ausgeräumt. Jetzt sind Sie vielleicht bereit, Ihre Garage in Angriff zu nehmen. Bis auf ein winziges Problem: Wie Janice können Sie dank eines schlimmen Falls von *Garagenkrempelitis* Ihre Garage kaum mehr betreten.

Geraten Sie nicht in Panik. Mit folgender Methode können Sie sie ohne Einsatz von Dynamit ausräumen. (*Beachten Sie bitte*: Diese Methode eignet sich auch für das Entrümpeln anderer großer

Räumlichkeiten wie Speicher, Keller und Stauräume sowie für überfüllte Schlafzimmer, Wohnzimmer etc.)

1. **Konzentrieren Sie sich.** Stellen Sie sich gedanklich vor, wie Sie derzeit Ihre Garage nutzen und wie Sie sie lieber nutzen würden. Vielleicht dient sie derzeit eher als Lagerraum, aber Sie würden darin lieber schreinern oder sich sonstwie handwerklich betätigen. Entscheiden Sie, wie Sie den Raum nutzen wollen, und entwerfen Sie dann einen Rohplan.
2. **Machen Sie Inventur.** Erstellen Sie mit Hilfe der folgenden Checkliste Garageninventar einen „Vorher-und-Nachher"-Plan für die Dinge, die Sie in Ihrer Garage behalten oder daraus entfernen wollen.
3. **Setzen Sie sich eine Frist.** Setzen Sie sich einen Termin, bis zu dem Sie die Aufgabe erledigen, und markieren Sie sich in Ihrem Kalender oder Zeitplaner Zeiten für Ihr Garagenprojekt. Seien Sie realistisch; vielleicht müssen Sie sich nach Unterstützung umsehen (Familie, Freunde oder bezahlte Hilfskräfte). Verwenden Sie das Formular Aktionsplan zum Entrümpeln von Räumen, um sich diesen Schritt zu erleichtern.

**Tipp:** Wenn Sie Ihre Frist an ein Ereignis, wie etwa einen gemeinsamen Flohmarkt in der Nachbarschaft knüpfen, steigen Ihre Chancen, Ihr Ziel zu erreichen.

**Aktionsplan zum Entrümpeln von Räumen**

Projektbeschreibung: ______________________________

Geschätzte Zeit: ______________________________

Zeitblock/-blöcke: ______________________________

Beginn: ______________________________

Angestrebtes Fertigstellungsdatum: ____________________

**Checkliste „Ausrüstung und Vorräte“**

___ Schutzhandschuhe
___ Stifte zum Markieren
___ Müllsäcke
___ Mülleimer/Container
___ Kisten zum Lagern
___ Behälter zum Aufbewahren
___ Sonstiges: ______________________________
___ ______________________________________
___ ______________________________________

**Checkliste „Garageninventar“**

Sie finden hier eine Liste mit Gegenständen, die häufig in Garagen gelagert werden. (Auf den frei gelassenen Zeilen können Sie noch andere Gegenstände hinzufügen. Benennen Sie sie bitte genau; „Verschiedenes“ ist zu allgemein gehalten!)

Vor jedem Gegenstand sind zwei Lücken frei gelassen, für Vorher und Nachher. Haken Sie die Vorher-Spalte bei jedem Gegenstand ab, der derzeit in Ihrer Garage residiert; dann machen Sie einen Haken in der Nachher-Spalte neben den Gegenständen, die Sie tatsächlich auch künftig in Ihrer Garage aufbewahren wollen, und ein Kreuzchen bei denen, die Sie wegwerfen wollen.

| *Vorher* | *Nachher* | *Bestand* |
|---|---|---|
| _____ | _____ | Archivierte Unterlagen (alte Steuerbescheide etc.) |
| _____ | _____ | Fahrrad/-räder |
| _____ | _____ | Campingausrüstung |
| _____ | _____ | Auto(s) |
| _____ | _____ | Kleidung, nicht der Jahreszeit entsprechend |
| _____ | _____ | Kleidung (alte/zusätzliche) |
| _____ | _____ | Möbelstücke |
| _____ | _____ | Gartenwerkzeuge und -ausrüstung |
| _____ | _____ | Bereich zum Wäschewaschen (Maschine/Trockner etc.) |
| _____ | _____ | Erinnerungsstücke |
| _____ | _____ | Sportausrüstung (Golf, Ski etc.) |

_____ _____ Koffer und Reisebedarf
_____ _____ Werkzeuge und Werkstattgegenstände
_____ _____ Sonstiges: ______________________________
_____ _____ ______________________________________
_____ _____ ______________________________________

Frage: Wann ist ein Flohmarkt kein Flohmarkt?

Antwort: Wenn es ein „Flohmarkt irgendwann mal" ist. Reden Sie schon seit Jahren davon, dass Sie irgendwann mal einen Flohmarkt veranstalten wollen? (Irgendwann mal liegt bekanntlich in weiter Ferne.) In der Zwischenzeit kleben Sie weiter an Ihrem Zeug für den imaginären Flohmarkt und häufen neues an. Die häufigste Ausrede dafür: „Es ist viel zu schade zum Verschenken."

Setzen Sie sich eine Frist, trommeln Sie andere zum Helfen zusammen und sehen Sie zu, dass aus dem „Irgendwann mal" der kommende Sonntag wird.

4. **Bereiten Sie sich vor.** Suchen Sie Dinge zusammen, die Sie brauchen werden, um das Entrümpeln reibungslos durchzuführen. Mit Hilfe der Checkliste „Vorräte" auf dem Formular „Aktionsplan: Entrümpeln von Räumen" fällt Ihnen dieser Schritt leichter. Sie sollten sich überlegen, einen Container zu mieten, wenn Sie einen gewaltigen Berg Zeug loswerden müssen. (Ein Bulldozer wäre optimal.)

**Eine perfekte Lösung?**

Einem Artikel im *Boston Globe* zufolge führt die Käufernachfrage dazu, dass Architekten und Baugesellschaften Dreifachgaragen immer günstiger anbieten. Aber wie ein Vertreter des Baugewerbes äußerte, stehen auf den drei Parkplätzen nicht unbedingt Autos. Sondern meistens versteckt sich hinter diesen Türen „Zeug, von dem die Leute nicht wissen, wohin damit", sagte er. Und weil die Hausbesitzer dieses Zeug lieber verstecken, als es bei geöffneter Garagentür jedem zu zeigen, entwerfen die Architekten jetzt Dreifachgaragen mit lediglich zwei Türen.

5. **Legen Sie los.** Jetzt können Sie den handfesten Teil des Entrümpelns und Ordnens anpacken. Zuerst bestimmen Sie zwei Stellen (außerhalb der Garage, wenn nötig), auf denen Sie die Gegenstände zwischenlagern; bilden Sie einen Bereich „Behalten" und einen Bereich „Nicht behalten". (Der Bereich für „Nicht behalten" sollte mindestens doppelt so groß wie der für „Behalten" sein.) Ihr Ziel: den „Nicht-Behalten"-Bereich aufzufüllen.
   Vielleicht wollen Sie diesen Bereich mit drei oder mehr großen Behältern (Kisten oder Schachteln) mit der Aufschrift „Müll", „Verschenken", „Verkaufen" oder einer anderen passenden Unterkategorie unterteilen. Versuchen Sie Ihr System so einfach wie möglich zu gestalten; zu viele Unterkategorien wirken sich kontraproduktiv aus.
   Als Nächstes bestimmen Sie Ihre „Arbeitsrichtung". Entscheiden Sie, ob Sie im oder gegen den Uhrzeigersinn vorgehen und sich die Mitte für den Schluss aufheben wollen (die Kuchenschneidemethode) oder ob Sie das schichtweise Vorgehen bevorzugen. Wofür Sie sich auch entscheiden, es kommt immer darauf an, dass Sie sich systematisch durchpflügen und nicht zwischen den Bereichen hin und her hüpfen.
   Stellen Sie sich schließlich einen Küchenwecker auf kurze Intervalle ein (fünf, 10 oder 15 Minuten), um das Nebengleissyndrom zu bekämpfen.

### Eine-Einheit-pro-Tag-Regel

Bemühen Sie sich bewusst darum, sich jeden Tag mindestens von einer Einheit Krempel zu trennen. Die „Einheit" kann ein Gegenstand oder ein ganzer Container voll sein. Ich erhielt zum Beispiel einmal einen Brief von einer Frau, die ein halbes Jahr vorher einen meiner Workshops besucht hatte. Sie schrieb: „Seit Ihrem Workshop werfe ich täglich eine Einkaufstüte voll Krempel weg. Allmählich sehe ich wirklich einen Erfolg!"

Ob es nun also eine Tüte, eine Schachtel oder eine Schublade voll ist oder nur ein einziges Stück Krempel (eine leere Schachtel oder Tüte) – wenn Sie sich beständig von Krempel trennen, werden auch Sie Erfolge erkennen können. Und Ihnen wird noch etwas anderes auffallen: Es tut gut, sich von etwas zu trennen!

## Zusammenfassung

- Nur weil ein Gegenstand „gut" ist, heißt das nicht, dass er gut für Sie ist.
- Im Gegensatz zu bestimmten Arten von Papieren gibt es für Krempel, der nicht aus Papier(en) besteht, keine vom Finanzamt vorgeschriebenen Regeln zum Aufheben; Sie dürfen also jeden Gegenstand wegwerfen, der Ihnen gehört.
- Vorräte sind bestimmte Gruppen von Gegenständen, die man braucht, um verschiedene Systeme und Aktivitäten aufrechtzuerhalten oder zu pflegen, und sie müssen, weil sie aufgebraucht werden, regelmäßig ersetzt werden.
- Mobiler Krempel ist wie ein Hund: man muss ihn regelmäßig rausbringen, sonst hinterlässt er im Haus eine schöne Bescherung.
- Von Kleidung und Accessoires können Sie sich leichter trennen, wenn Sie folgende Regel befolgen: Behalten Sie nur die Dinge, in denen Sie sich heute wohl fühlen *und* in denen Sie heute gut aussehen.
- Wenn Sie einen Raum wie etwa eine Garage entrümpeln, entscheiden Sie, ob Sie im Kreis vorgehen und sich die Mitte bis zum Schluss aufsparen oder in Schichten vorgehen, springen Sie jedoch nicht zwischen den Bereichen hin und her.

# Kapitel 6

# Legen Sie sentimentalen Krempel ab

*Wenn Sie Krempel entsorgen wollen, kommt es entscheidend darauf an, dass Sie lernen, wie Sie mit Erinnerungsstücken umgehen. Warum? Weil Sie Raum für die Dinge schaffen, die Ihnen am wichtigsten sind, wenn Sie sich von Gegenständen trennen, die Sie an Geschehnisse erinnern, die Sie lieber vergessen würden.*

**Überblick**

Dieses Kapitel zeigt Ihnen Möglichkeiten und Ideen für den Umgang mit sentimentalen Dingen aller Art. Von persönlichen Erinnerungsstücken können wir uns oft nur schwer trennen, weil wir uns ihnen gefühlsmäßig und/oder historisch verbunden fühlen. Aber Sie können von nun an Ihren sentimentalen Kram in den Griff bekommen, indem Sie erkennen, wie er sich auf Sie auswirkt:

1. **Positiv** – ruft angenehme oder ergreifende Erinnerungen hervor
2. **Negativ** – wühlt belastende oder unbehagliche Gefühle wieder auf

„Und was wollen Sie mit denen da anfangen?"

Ich deutete auf einen Stapel rosa-weißer Geburtsanzeigen, die ich gerade beim Entrümpeln eines Zimmers einer Kundin freigelegt hatte. Sie starrte sie an, offenbar gelähmt von Erinnerungen, und seufzte: „Oh, ... ich habe es nie geschafft, sie zu verschicken."

„Das macht nichts", versicherte ich ihr. „Wie alt ist denn Ihr Baby?"

„Vier."

Ich wartete ab und wies sie dann darauf hin, wie unwahrscheinlich es sei, dass sie so spät noch je mit dem Verschicken beginnen würde. (Es befanden sich wohl an die 200 Stück im Stapel.) Widerstrebend stimmte sie zu. Also schlug ich ihr vor, dass sie die Karten bis auf eine oder zwei wegwerfen solle.

„Nein!“, keuchte sie und zuckte zusammen, als hätte ich ihr gerade geraten, ihre Vierjährige wegzuwerfen. „Das kann ich nicht machen.“

„Warum denn nicht?“

Mit einem liebevollen Blick auf den Stapel flüsterte sie: „Sie sind so ... hübsch.“ Gleichgültig, wie sehr ich versuchte, sie zu überzeugen („Wie wäre es, wenn Sie die Hälfte wegwerfen würden? Nein, na schön, und an die 50? 25?“), sie wollte sich nicht einmal von einer einzigen trennen, geschweige denn vom ganzen Stapel. Also endete es damit, dass wir die Anzeigen ihrem ständig wachsenden „Erinnerungsmuseum“ hinzufügten, wo sie, davon bin ich überzeugt, noch heute ihr Dasein fristen, hübsch wie eh und je.

In der Hoffnung, diese Geschichte würde zumindest jemand anderen dazu inspirieren, ähnliches Krempelsurium loszuwerden, erzählte ich sie einem anderen Kunden. Er lachte schallend angesichts der Idee, dass jemand Geburtsanzeigen derart lange aufhebt. „Nicht zu fassen“, murmelte er und schüttelte ungläubig den Kopf, als ich ihm beschrieb, wie standhaft die andere Kundin sich geweigert hatte, sich auch nur von einer einzigen Anzeige zu trennen.

Dann stießen wir auf einen Stapel von Anzeigen, mit denen er das Erlangen seiner Doktorwürde bekannt gemacht hatte. Sie waren fast zehn Jahre alt. „Und was“, fragte ich ihn grinsend, „wollen Sie mit denen anfangen?“

Sie können es wahrscheinlich erraten.

Déjà vu, wohin man schaut.

## Sind Sie ein fanatischer Erinnerungssammler?

Mit diesen Geschichten will ich Ihnen illustrieren, wie einfach es ist, sentimentalen Kram loszuwerden – solange es sich nicht um den eigenen Kram handelt! Natürlich ist die Trennung von Ihren eigenen Erinnerungsstücken, vor allem wenn Sie ein Seelchen sind, um einiges schwerer, als wenn es sich um den Kram von anderen handelt.

Weil ich selbst ein gefühlsbetonter Mensch bin, gilt den Menschen, die diesen Prozess als schmerzhaft empfinden, mein Mitgefühl. Aber ich weiß auch, wie wichtig es ist, dass Sie Ihre Erinnerungsstücke in den Griff bekommen, damit sie nicht weiter Ihr Leben verkrempeln. Sonst laufen Sie Gefahr, ein *fanatischer Erin-*

*nerungssammler* zu werden: jemand, der riesige Mengen persönlicher Erinnerungsstücke anhäuft.

**Die Bedeutung von Erinnerungsstücken**

Um sicherzugehen, dass wir uns hier verstehen, möchte ich klarstellen, was ich unter persönlichen Erinnerungsstücken verstehe. Ich spreche hier nicht von „Sammlerstücken mit Erinnerungswert", wie es beim Sammeln von antikem Schnickschnack (oder was so aussieht) der Fall ist. Unter persönlichen Erinnerungsstücken verstehe ich die Dinge, die wir behalten und die persönliche Erinnerungen, angenehme Gefühle, bittersüße Emotionen und/oder ein Gefühl von emotionaler Verbundenheit hervorrufen. Es handelt sich um die Sachen, die wir für „unschätzbar" halten, weil sie oft nur für uns von Wert sind; aus diesem Grund vermissen Leute, die bei einem Brand oder durch eine andere Katastrophe ihr ganzes Hab und Gut verloren haben, diese Sachen am meisten.

Es gibt eine Reihe kreativer Möglichkeiten, wie und wo man seinen sentimentalen Kram in Kategorien einteilen, ordnen und/oder darbieten kann, wie Sammelalben, Fotoalben und Setzkästen – auf keine davon werde ich hier eingehen. Obwohl sich diese Möglichkeiten zu regelrechten Hobbys auswachsen können, besteht die große Wahrscheinlichkeit, dass sie für jene Personen, die sich bereits durch Krempel und Verpflichtungen geradezu erschlagen fühlen, zu belastenden Verzögerungsprojekten werden.

Meinen Erfahrungen zufolge gibt es drei Typen von fanatischen Erinnerungssammlern:

**Typ 1** ist jemand, der tatsächlich Erinnerungsalben, Fotoalben und andere Systeme, um sentimentalen Kram in Ordnung zu halten, anlegt und führt.

**Typ 2** ist jemand, der so sein möchte wie Typ 1, aber selten (oder nie) dazukommt, jene Systeme einzurichten oder weiterzuführen.

**Typ 3** ist jemand, der keine Ambitionen hat, wie Typ 1 zu werden.

Welcher Typ sind Sie?

Wenn Sie sich als Typ 1 identifizieren, ist das bewundernswert. Aber mit der Zeit merken Sie vielleicht, dass Sie Erinnerungsstücke (und Albenvorräte) so schnell anhäufen, dass Sie sie nicht mehr in Ihren Systemen unterbringen können. Die in diesem Kapitel beschriebenen Regeln und Verfahren sollen Ihnen helfen, mit jedem bestehenden Übermaß umzugehen und zu verhindern, dass sich noch mehr ansammelt.

Wenn Sie zu Typ 2 gehören, besteht der wichtigste Schritt, den Sie jetzt unternehmen können, darin, sich selbst gegenüber Ihre Prioritäten und Interessen ehrlich einzugestehen. Akzeptieren Sie, dass es in Ordnung ist, wenn Sie niemals dazukommen, „eines Tages" Ihren Kram in Systemen zu ordnen. (Aber Sie können vielleicht jemanden dazu bringen, dies für Sie zu machen!) Bitte befreien Sie sich von dem Druck, den Sie sich selbst auferlegt haben, dass es sich dabei um etwas handelt, was Sie machen „sollten". Sie können Ihre Erinnerungsstücke auch anders in den Griff bekommen, wir kommen noch darauf zu sprechen.

Wenn Sie sich schließlich als Typ 3 bezeichnen, sind Ihre Erwartungen vielleicht simpler – nicht einfacher, lediglich simpler. Es hängt alles davon ab, wie viel sentimentalen Kram Sie bisher angehäuft haben und wie viel Sie davon letztlich behalten. Die folgenden Regeln und Techniken sollen Ihnen dabei helfen, Ihnen den Umgang mit Ihren Erinnerungsstücken zu erleichtern.

## Der Umgang mit Erinnerungsstücken

Man kann leicht viel Zeit mit dem Ordnen und Katalogisieren von sentimentalem Kram verschwenden. Ihr Ziel ist es jedoch, sich auf die Trennung von bestimmten Dingen zu konzentrieren, damit Sie nicht mehr so viel Zeit mit der Entscheidung vertun, wohin Sie sie verräumen sollen. Natürlich rechne ich damit, dass Sie einige Erinnerungsstücke aufheben, aber nur jene Gegenstände, die die rigorosen Testverfahren bestehen, die ich im Folgenden schildere.

Zuerst möchte ich jedoch mein dreistufiges Verfahren zum Umgang mit Erinnerungsstücken beschreiben. Und zwar funktioniert es so:

1. Trennen Sie sich von allem, was Sie nicht auf positive oder sentimentale Weise berührt.
2. Heben Sie nur das auf, wofür Sie auch Platz haben.

3. Bewahren Sie Ihre wichtigen Erinnerungsstücke in unkomplizierten, leicht zu führenden Systemen auf.

Am besten fangen Sie damit an, indem Sie all die Dinge, die Sie aus sentimentalen Gründen behalten, zusammentragen. Sie können dieses Verfahren allerdings auch Schritt für Schritt immer dann anwenden, wenn Ihnen einzelne Erinnerungsstücke in die Finger geraten.

**Sentimental, schmückend oder zufällig?**

Manchmal gibt es Dinge, die wir unserer Meinung nach aus sentimentalen Gründen aufheben, bei denen es sich aber in Wirklichkeit überhaupt nicht um Erinnerungsstücke handelt. Solche „betrügerischen Erinnerungsstücke" sind:

- antiker oder alter Schnickschnack, zu dem Sie keinen persönlichen Bezug haben (im Gegensatz zu ererbten Gegenständen oder Geschenken). Behalten Sie solche Gegenstände ruhig, wenn sie Ihnen wirklich sehr gut gefallen und Sie einen Platz haben, an dem Sie sie aufstellen können. Ansonsten trennen Sie sich von ihnen (verkaufen, spenden, verschenken).
- nicht mehr aktuelle rechtliche Dokumente (Testamente, Scheidungsurkunden, Urkunden, Gerichtsverfahren etc.). Beraten Sie sich eventuell mit Ihrem Rechtsanwalt, ehe Sie irgendetwas davon vernichten. In der Zwischenzeit können Sie sie bei Ihren alten Steuerunterlagen archivieren (wie in Kapitel 4 beschrieben).
- alte Lebensläufe und Terminkalender/Kalender. Wenn Sie diese Dinge behalten wollen, können Sie sie in Ihren Archivablagen aufbewahren (sofern Ihnen der Platz noch nicht ausgegangen ist).
- Einladungen und Anzeigen, die Sie nur als Anregungen für Entwürfe behalten. Wenn Sie tatsächlich meinen, dass Sie diese Gegenstände noch einmal anschauen und benötigen, legen Sie unter der Kategorie Persönliches eine Ablage Einladungsmuster an (oder welcher Ablagename Ihnen geeignet erscheint). Andernfalls eignet sich vielleicht die „Ablage P wie Papierkorb" am besten dafür.

## Wie Sie mit Erinnerungsstücken umgehen

### Trennen Sie sich von allem, was Sie nicht auf positive oder ergreifende Weise berührt

Zu diesem Zweck sollten Sie zuerst eine Bestandsaufnahme Ihrer sentimentalen Dinge und Papiere machen, indem Sie sie in vier Kategorien einteilen: *Glücklich*, *Traurig*, *Gut* und *Schlecht*.

**Glücklich:** Erinnerungsstücke an positive Leistungen, erfreuliche Ereignisse, schöne Zeiten und Liebesbeziehungen wie:

- Anzeigen und Einladungen (Hochzeiten, Geburtstage, Jubiläen, Geburten, Graduierungen, Abschlüsse etc.)
- Preise und Ehrungen (Bescheinigungen, Trophäen, Verdienstabzeichen, Medaillen, Bänder etc.)
- Bücher (aus der Kindheit oder alle Bücher, die Sie besonders geprägt haben und von besonderer Bedeutung für Sie sind)
- Grußkarten und Briefe
- Sachen der Kinder (Zeugnisse, Kunstwerke etc.)
- Kleidung und Accessoires (Kleidung, die Ihnen Glück zu bringen scheint, alte Lieblingsklamotten, Kostüme, Uniformen)
- Aus dem Unterhaltungsbereich (Eintrittskarten von Sportveranstaltungen oder Kunstaufführungen, Programme, Gegenstände mit dem Autogramm einer berühmten Persönlichkeit etc.)
- Familiengeschichte (Genealogisches, alte Dokumente, militärische oder Kriegsberichte etc.)
- Schmuck
- Berichte, die über Sie erschienen sind (Werbung, PR)
- Fotos, Dias und Negative
- Schulzeugnisse und/oder Semesterarbeiten/Ihre eigenen, nicht die Ihrer Kinder)
- Reiseandenken
- Videos und selbst gedrehte Filme
- Hochzeitssachen
- Jahrbücher

**Traurig:** Erinnerungsstücke an ergreifende wichtige Ereignisse in Ihrem Leben, verstorbene geliebte Menschen, persönliche Entwicklungsabschnitte/Lebensabschnitte und an Lebenserfahrungen, die in schmerzhaften Lebensprozessen gewonnen wurden, wie etwa:

**Die vier Kategorien sentimentaler Gegenstände**

- Kondolenzkarten und -briefe
- Tagebücher und Jahrbücher
- Nachrufe oder Programme von Trauerfeiern
- Andenken an verstorbene Familienmitglieder und Freunde
- Todesanzeigen
- Erinnerungsstücke an Haustiere

**Gut:** Kram, der eventuell nützlich oder gar von monetärem Wert, aber ansonsten nicht besonders bedeutsam ist, wie etwa:

- Kunstwerke, Handarbeiten, Kleidung oder alles, was Sie nicht verwenden oder nicht mögen, aber für Sie oder von Ihnen selbst angefertigt wurde
- Möbelstücke, die Sie geerbt haben, aber die eigentlich nicht zu Ihnen passen
- Geschenke, die Ihnen nie gefielen
- Nicht ansprechende ererbte Schmuckstücke und Plunder
- Die Meerschaumpfeifensammlung Ihres Großonkels, Hirschgeweih, Muscheln, Briefmarken oder alles, was Sie nicht besonders interessiert

**Schlecht:** Erinnerungen an ärgerliche Vorfälle, unangenehme Ereignisse oder Unerledigtes wie etwa:

- Gegenstände auf der Liste der Glücklich-Kategorie, die auf Sie den gegenteiligen Effekt haben (listen Sie sie auf)

  ________________________________________

  ________________________________________

- Defekte Erbstücke
- Negativer Briefwechsel („Lieber John"-Briefe, hasserfüllte Briefe, verbitterte Scheidungsepisteln etc.)
- Erinnerungen an Krankenhausaufenthalte (Identifikationsarmbänder, Plastikspucknäpfe, Behälter mit Nierensteinen etc.)

*Erinnerungsstücke: Dinge, die bemerkenswert und der Erinnerung wert sind*
Wörterbuchdefinition

Da Sie nun eine Bestandsaufnahme Ihres sentimentalen Krams gemacht haben, kann ich Ihnen meine eigene goldene Regel zum Umgang mit Erinnerungsstücken enthüllen:

*Behalten Sie nur Ihre ganz besonders „glücklichen" und „traurigen" Gegenstände; trennen Sie sich von allen „guten" und „schlechten".*

Sind Sie der Meinung, Gegenstände der Kategorien „Gut" und „Glücklich" wären selbstverständlich zu „behalten", während die der Kategorien „Traurig" und „Schlecht" zusammen in den „Und-dann-tschüss"-Behälter wandern?

Genau wie das Gute Zeug, das wir in Kapitel 5 entsorgt haben, trägt sentimentaler Kram, der zur Kategorie „Gut" gehört, oft wesentlich zur Verkrempelung bei. Aber weil er sozusagen einen gefühlsmäßigen Beigeschmack hat, erscheint es einem womöglich schwieriger, sich von ihm zu trennen. Genau aus diesem Grund ist es so befreiend, wenn Sie das emotionale Band kappen. Sie werden ein wundervolles Gefühl von Leichtigkeit spüren, als ob Sie von Fesseln befreit wären, von denen Sie nicht einmal wussten, dass sie Sie einengten.

**Wenn der sentimentale Kram nicht Ihnen gehört**

Wie bereits beschrieben, ist es im Allgemeinen leichter, den sentimentalen Kram anderer zu entsorgen, als sich vom eigenen zu trennen.

Aber es ist auch ein Fehler, ohne Erlaubnis Dinge eines anderen Menschen in den Müll zu befördern, ganz egal, wie gut Sie den Betreffenden kennen oder wie überflüssig Ihnen dessen „Krempel“ vorkommt. Wenn Sie das tun, fordern Sie Probleme geradezu heraus. Ihre Handlungsweise, so gut sie auch gemeint sein mag, kann als Zeichen mangelnder Achtung interpretiert werden. Tun Sie stattdessen Ihr Möglichstes, um den anderen in den Entscheidungsfindungsprozess beim Entrümpeln mit einzubeziehen. Wenn der andere sich weigert, daran teilzunehmen, oder Ihnen nicht erlaubt, irgendetwas wegzuwerfen, und Sie die Situation als unerträglich empfinden, müssen Sie vielleicht einen neutralen Dritten mit einbeziehen (z. B. Mediator, Berater, professionellen Organisator).

Vielleicht denken Sie gerade: „Aber sie kennt *meinen* Kram doch gar nicht – meine Sachen sind anders/wertvoll/etwas Besonderes! Und meine Mutter/Schwester/mein Vater/Bruder/meine Tante/mein Onkel/ Cousin/bester Freund/meine Cousine/beste Freundin würden es mir nie verzeihen, wenn ich mich von dem (bitte das für Sie Zutreffende einfügen), das sie mir schenkten, trennen würde.“ *Zur Erinnerung*: Die Entscheidung liegt bei Ihnen. Letztlich werden Sie das behalten, was Sie behalten wollen, vergeuden Sie also nicht Ihre Zeit, indem Sie Ihre Entscheidungen rechtfertigen oder Ausreden vorbringen. Versuchen Sie einfach, alles loszulassen, was Sie loslassen können, und bewegen Sie sich vorwärts.

**Krempelgeschenke**

Nur weil Ihnen jemand einen Gegenstand geschenkt hat, heißt das nicht, dass Sie ihn für immer und ewig behalten müssen. Denken Sie an den Ausspruch: „Auf die Absicht kommt es an.“ Erkennen Sie die Absicht hinter dem Geschenk an, aber entsorgen Sie das Geschenk, wenn es Ihnen nicht wirklich zusagt – und Sie nicht wollen, dass es Ihr Leben belastet.

*Bewahren Sie nur das auf, wofür Sie auch Platz haben*

Wenn Sie Ihre negativen Erinnerungsstücke entsorgt haben (das Gute und Schlechte Zeug), haben Sie jetzt vielleicht genügend

Platz, an dem Sie all Ihre positiven und ergreifenden Erinnerungsstücke (die Glücklichen und Traurigen Dinge) aufbewahren können. Oder auch nicht. Weil allein die Glücklich-Kategorie unter Umständen so viel Krempel enthält wie alle anderen Kategorien zusammen, müssen Sie sich vielleicht von noch mehr trennen.

**Vorräte versus Gefühle**

Obwohl die Trennung von sentimentalem Kram eine größere Herausforderung als das Aussortieren von Vorräten darstellen kann, ist das Verfahren dennoch dasselbe. Vielleicht hilft es Ihnen, wenn Sie sich den Entscheidungsfindungsprozess in Kapitel 5 noch einmal anschauen, also wie viel Platz man welchen besonderen Arten von Vorräten einräumen sollte und wie man Krempel reduziert, der im Übermaß vorhanden ist.

Der Platz, den Sie gerne für die Aufbewahrung und/oder das Herzeigen Ihrer Erinnerungsstücke reservieren, beeinflusst natürlich die Krempelmenge, die Sie tatsächlich behalten können. (*Vergessen Sie nicht*: Erinnerungsstücke, wie auch andere Arten von Kram, dehnen sich aus und füllen jeden Raum, den die Sie dafür bereitstellen. Selbst wenn Sie also jetzt genug Platz für alles haben, was Sie aufheben möchten – bleiben Sie vorsichtig!) Der Vorsatz, nur die Erinnerungsstücke aufzuheben, für die Sie Platz haben, bedingt, dass Sie schwierige Entscheidungen treffen. Diese Entscheidungen würden Sie lieber nicht fällen müssen, und Sie sind wahrscheinlich auch nicht daran gewöhnt, sie zu fällen. Aber manchmal müssen wir uns selbst einen Schock versetzen, um ungewohnte Entscheidungen treffen zu können.

Wenn ich Kunden dabei helfe, ihre Erinnerungsstücke zu entrümpeln, setze ich die so genannten Schockfragen ein: drei knallharte Fragen, mit deren Hilfe ich die Leute aus dem sentimentalen Zustand befreie, in den sie bei der Durchsicht ihrer Erinnerungsstücke geraten. Diese Fragen können Ihnen sowohl bei der Planung wie bei der Durchführung des Entrümpelns (aller Arten von Krempel, nicht bloß des sentimentalen Krams) helfen.

## Schockfrage 1: Was wäre, wenn Sie sich für einen größeren Umzug vorbereiten müssten?

Ach, was für ein grauenhafter Gedanke. Nur zu, befassen Sie sich damit. Stellen Sie sich bildhaft vor, wie Sie das letzte Mal umgezogen sind. Hat Ihnen das Spaß gemacht? Das bezweifle ich. So ziemlich das Einzige, was noch schlimmer ist, als zu viel Zeug zu besitzen, ist, damit umziehen zu müssen. Denn für jeden Umzug trifft schließlich eine allgemein gültige Wahrheit zu: Die Sachen scheinen in direkter Abhängigkeit zur abnehmenden Anzahl der Tage bis zum Auftritt der Möbelpacker zuzunehmen. (Das trifft vor allem dann zu, wenn Sie in eine kleinere Wohnung ziehen.) Erinnern Sie sich an das Panikgefühl, das Sie überkam, als der Tag des Umzugs immer näher rückte? So geht es vielen Leuten: Je mehr Zeit verstreicht, umso verzweifelter werden sie. Eine weit verbreitete Sitte ist es, zum Schluss den ganzen überzähligen Kram dann einfach in Kisten zu stopfen – von denen einige dann jahrelang nicht ausgepackt werden.

Genauso verbreitet ist jedoch die Sitte, eine gewisse Menge Krempel während der Umzugsvorbereitungen auszusortieren. Aus diesem Grund ist die Wahrscheinlichkeit geringer, dass Leute, die oft umziehen, wie Diplomaten und Militärangehörige, eine Überfülle an Sachen ansammeln. (Wie die alte Redensart besagt: „Ein rollender Stein setzt keinen Krempel an.“)

Aber Sie müssen nicht erst umziehen, um Krempel aus Ihrem Leben zu entfernen. Tun Sie einfach so, als zögen Sie um, und schauen Sie mal, ob Sie dadurch nicht ermutigt werden, sich von einigen Sachen zusätzlich zu trennen. Wie? Indem Sie sich geistig aufs Umziehen einzustellen versuchen. Trainieren Sie die mentale Einstellung, mit deren Hilfe Sie dem Drang widerstehen können, Dinge zu behalten; stellen Sie sich diese mentale Rüstung bildhaft als Schutzschild vor, der Sachen an Ihnen abprallen lässt und so verhindert, dass Sie sich von ihnen nicht trennen können.

Sie können sich beim Sortieren und Entrümpeln durch das Vorsagen dieses Mantras rüsten: „Je weniger Zeug ich behalte, umso weniger muss ich packen; je weniger Zeug ich packe, umso weniger muss ich auspacken.“ Stellen Sie sich vor, Sie müssen alles, was Sie behalten wollen, ein- und dann wieder auspacken. Visualisieren Sie sich bei dieser Plackerei. Dies kann sich als eine sehr wirksame

Krempelreduktionsstrategie erweisen, insbesondere wenn Sie viele klitzekleine und/oder zerbrechliche Gegenstände besitzen.

**Schockfrage 2: Was, wenn Ihre Wohnung gerade Feuer finge?**

Diese Frage bewirkt noch Schlimmeres als der Gedanke ans Packen für einen Umzug. Die Vorstellung, dass Ihr Haus in Flammen aufgeht, ist fast zu schrecklich, als dass man daran denken könnte. Aber eben deshalb kann diese Schockfrage Ihnen dabei helfen, noch mehr von dem klebrigen Krempel abzuschütteln.

Stellen Sie sich vor: Feuerwehrleute bekämpfen nebenan eine Feuersbrunst und haben Ihnen – der einzigen Person, die zu Hause ist – geraten, innerhalb von 15 Minuten das Haus zu verlassen, weil die Gefahr droht, dass das Feuer auf Ihr Haus übergreift. Ihnen bleiben also genau 15 Minuten, um Ihre kostbarsten oder wichtigsten Dinge zu packen. (Wenn Sie Haustiere halten, gilt, dass diese bereits in Sicherheit sind.) Ihr Auto steht auf der Straße, zum Glück sind der Kofferraum und die Sitze leer (wie gut, dass Sie den Wagen bereits entrümpelt haben!), so dass genug Platz ist und Sie Ihre Wertsachen einladen können. Schnell – welche Dinge werden Sie retten?

Erstellen Sie jetzt gleich eine Liste aller Gegenstände, die Ihnen einfallen und die Sie wirklich und wahrhaftig vermissen würden, wenn sie in Flammen aufgingen (oder Ihnen auf andere Weise genommen würden). Um Ihr Erinnerungsvermögen auf Trab zu bringen, können Sie gegebenenfalls die Checkliste der Glücklichen und Traurigen Erinnerungsstücke nochmals durchlesen. Verwenden Sie das Formular auf der nächsten Seite, damit Sie nicht nur die Sachen auflisten, sondern auch notieren, wo Sie jeden Gegenstand aufbewahren, so dass Sie ihn schnell finden können.

Es gibt zwei sichere Stellen für die Aufbewahrung kostbarer oder wichtiger Gegenstände: ein Bankschließfach und ein feuerresistenter Safe. Letzteren gibt es in zahlreichen Größen, Formen und – was die Feuerresistenz betrifft – in unterschiedlicher Qualität. Ein Dokumentensafe, wie in Kapitel 4 erwähnt, ist beispielsweise geeignet, etwa ein Dutzend Hängeregister mit Dokumenten zu beherbergen. Sie könnten darin juristische und etwa steuerliche/finanzielle Dokumente (siehe in Anhang A die Liste der Dokumente, die Sie aufbewahren müssen) und Ihnen kostbare Valentinsgrüße und Tagebücher aufbewahren. Er eignet sich allerdings nicht für

Gegenstände, die nicht aus Papier sind, wie Dias, Negative, Disketten, CDs, Videos, Musikkassetten, Schmuck oder ähnliche Gegenstände, die schmelzen können. Es gibt andere feuersichere Möglichkeiten, um Sachen wie diese vor Beschädigung zu bewahren, aber diese können recht kostspielig sein. Das Bankschließfach ist für manche dieser Dinge möglicherweise am besten geeignet.

### Die Feuerfantasie

Ich habe nicht mehr mitgezählt, wie viele von Krempelitis Betroffene mir sagten: „Manchmal wünsche ich mir, alles würde einfach in Flammen aufgehen!“ Vielleicht ist Ihnen dieser Gedanke auch schon einmal durch den Kopf gegangen. Natürlich will niemand, dass es wirklich brennt. (Ich sage den Leuten: „Ein Brand ist eine Möglichkeit – allerdings keine, die ich empfehlen würde.“) Aber meines Erachtens ist die von mir so bezeichnete „Feuerfantasie“ ein Symbol dafür, wie verzweifelt viele Leute angesichts ihres von Krempel überfluteten Lebens sind. Nein, niemand will, dass er wirklich in Flammen aufgeht. Man wünscht sich nur, der Schutt hinausgeschobener Entscheidungen und die Vielzahl an Krempel würde einfach (wie im Märchen in einer Rauchwolke) verschwinden, damit man damit nichts mehr zu schaffen hat.

### Meine kostbaren, unersetzlichen Sachen

| *Gegenstandsbeschreibung:* | *Aufbewahrungsort:* |
|---|---|
| ____________________ | ____________________ |
| ____________________ | ____________________ |
| ____________________ | ____________________ |
| ____________________ | ____________________ |
| ____________________ | ____________________ |

Natürlich sollten die meisten Dinge, die Sie tatsächlich gerne um sich haben, nicht in Safes versteckt werden. Sie sind dazu da, hergezeigt, angefasst, benutzt, gelesen oder angeschaut ... und vor allem wertgeschätzt zu werden. Aus diesem Grund wollen Sie sie ja auch behalten, nicht wahr? Sie können nicht alles, woran Ihr Herz hängt, vor möglichen Gefahren schützen; Sie können sich nur um jeden Gegenstand, den Sie besitzen, so gut wie möglich kümmern und ihn umsorgen, solange Sie es können. Und wenn Sie versuchen, Ihre Schätze mengenmäßig so zu begrenzen, dass Sie sie im Notfall mit sich nehmen könnten, haben Sie mehr Zeit und Platz, um sich an ihnen zu erfreuen. Vergessen Sie also nicht: Dinge, die nicht auf Ihrer Liste stehen, werden Sie wahrscheinlich auch nicht vermissen.

## Perfekt im Bild?

Fotos sind für uns Anlass zu Freude und Enttäuschung. Manche sind vielen Menschen so wichtig, dass sie ihr Leben riskieren, um Fotoalben aus brennenden Häusern zu retten. Wenn Überlebende solcher Katastrophen dazu befragt werden, welchen Verlust sie am meisten bedauern, rangieren Bilder fast immer unter den zuerst genannten Dingen.

Dennoch kann der Krempel, der durch eine Überfülle an ungeordneten Fotos entsteht, zu einer Stressquelle werden. Sie haben anscheinend nie genug Zeit, um alle Ihre Fotos in Alben zu kleben. Diese Hunderte (oder Tausende) von „wundervollen" Bildern schmachten letztlich meist in Briefumschlägen, Plastiktüten, Körben und/oder Schachteln vor sich hin und warten nur auf jenen sprichwörtlichen verregneten Tag, an dem Sie nichts Besseres zu tun haben, als sich mit ihnen zu befassen.

Fotokrempel wird womöglich durch die neuen Möglichkeiten, die der Computer bietet, bald aussterben. Aber weil es eine riesige Menge bereits existierender Fotos gibt, liegt dieser Tag noch in weiter Ferne.

Wenn Ihr Fotokrempel Sie stört, sollten Sie die folgenden Entrümpelungsmöglichkeiten anwenden:

**Fotoboxen.** Die gibt es in vielen Kaufhäusern, Discountläden, Fotogeschäften sowie im Versandhandel zu kaufen. Jede kann mehrere hundert Fotos aufnehmen; halten Sie nach Boxen mit Unterteilungen und Beschriftungsmöglichkeiten Ausschau.

Besorgen Sie sich mehrere Fotoboxen, setzen Sie für das Projekt eine bestimmte Zeit an und suchen Sie alle Ihre unsortierten Fotos zusammen (notfalls mit Hilfe einer Schaufel). Wenn möglich, bitten Sie ein urteilsfähiges Familienmitglied oder eine/n Freund/Freundin, Ihnen beim Sortieren, Aussortieren und Einordnen zu helfen. Planen Sie auch etwas Zeit ein, um die Bilder genauer zu studieren; die Erinnerung an Personen und Ereignisse macht schließlich den amüsanten Teil dieser Arbeit aus – es kommt hierbei nicht allein auf Effizienz an. Vergessen Sie lediglich nicht, alle Bilder, die Ihnen nicht gefallen, auszurangieren. (Aus irgendeinem Grund vergessen das viele Leute.) Behalten Sie auch nicht zu viele Duplikate. Im Allgemeinen gilt: Wenn Sie sie jetzt nicht an andere Leute verschicken, kommen Sie aller Wahrscheinlichkeit auch später nicht mehr dazu.

**Engagieren Sie eine Hilfskraft.** Wenn Sie anscheinend einfach nicht dazukommen, sich mit Ihrem Fotokrempel zu befassen, dann holen Sie sich jemanden, der das für Sie erledigt.

## Schockfrage 3: Was wäre, wenn Sie nicht mehr lange zu leben hätten?

Diese Frage ist für die meisten von uns die belastendste. Wir mögen nicht über unser Ableben nachdenken, vor allem wenn viel Krempel mit im Spiel ist. (Eine meiner Kundinnen formulierte es sehr wortgewandt: „Wenn mich jetzt der Schlag träfe und die Leute herausfänden, wie viel Krempel ich hatte, träfe mich der Schlag!")

Überlegen Sie sich, was Sie gerne hinterlassen würden und womit sich Ihre geliebten Hinterlassenen auf jeden Fall beschäftigen sollen. Möchten Sie im Ernst, dass sie nach Ihrem Ableben Ihren ganzen Krempel durchforsten müssen? (Na ja, vielleicht schon. Als ich in einem meiner Workshops diese Frage stellte – eine rhetorische Frage, so meinte ich –, meldete sich eine verhutzelte Frau in der letzten Reihe zu Wort: „Na, das geschieht denen nur recht!")

Warum werfen Sie nicht den Krempel über Bord, solange Sie noch am Ruder sind? Befreien Sie sich jetzt von überflüssigem Zeug. Hinterlassen Sie den Trauernden weder Zeug noch Stress. Jetzt ist auch eine gute Gelegenheit, eine Liste der sentimentalen Gegenstände zu erstellen, die Sie gerne bestimmten Leuten oder Institutionen vermachen möchten. In den unsterblichen Worten einer Kummerkastentante: „Geben Sie Dinge noch zu Ihren Lebzeiten her, damit Sie wissen, wo sie hinkommen." (Oder so ähnlich.)

Nehmen Sie wieder Ihre Liste der kostbaren, unersetzlichen Dinge zur Hand und schreiben Sie neben jeden Gegenstand den Namen seines zukünftigen Empfängers an den Rand. Wenn Sie später bei einigen Dingen Ihre Meinung ändern, können Sie Ihre Liste immer noch korrigieren. (Aus diesem Grund hat man Radiergummi und Korrekturflüssigkeit erfunden.)

**Verhindern Sie durch Schockfragen einen Rückfall**

Die Schockfragen sind besonders hilfreich, wenn Sie während eines Entrümpelungsverfahrens einen Rückfall zu erleiden drohen. Einen Rückfall erleiden Sie dann, wenn Sie allmählich merken, dass Sie mehr Zeug behalten als entsorgen – oder gar darauf verfallen, Sachen aus den „Verschenk"- und „Wegwerf"-Körben zu „retten". Wenn Sie dies bemerken, ist die Zeit für drastische Maßnahmen gekommen. Deshalb gibt es die Schockfragen.

## Bewahren Sie Ihre bedeutsamen Erinnerungsstücke in unkomplizierten, leicht zu handhabenden Systemen auf

Früher, zu Vorkrempelzeiten, lagerten unsere Vorfahren ihre wenigen kostbaren Besitztümer in einer Holztruhe, Aussteuertruhe genannt. Das war das bescheidene, altmodische Gegenstück zu unseren bezaubernden, schwere Pflichten erfüllenden Kunststoffbehältern von Rubbermaid oder Curver. Wie viele dieser neuzeitlichen Aussteuertruhen Sie brauchen, hängt von drei Faktoren ab:

1. wie viel Platz Sie Ihrem Museum der Erinnerungsstücke zugestehen,
2. welche Sachen Sie behalten wollen,
3. wie viel Zeug Sie zu behalten gedenken.

Natürlich müssen Sie keine Kunststoffbehälter von Rubbermaid (oder irgendeiner anderen Marke) verwenden. Sie können auch antike oder auf alt getrimmte Zedernholzkisten oder andere Arten von Holztruhen verwenden, wenn Ihnen das lieber ist. Pappschachteln mit Archivqualität wären auch eine Möglichkeit – es gibt sogar runde, hutschachtelähnliche Schachtelsets. Oder verwenden Sie einen Sekretär mit Rolladenaufbau, ein Bücherregal mit Glastür, eine alte Anrichte oder irgendein Möbelstück, das Ihren Zwecken entspricht.

In der Tat eignen sich die meisten Schubladenmöbelstücke gut zur Aufbewahrung von Erinnerungsstücken; besonders effektiv ist es, möglichst eine Schublade einer bestimmten Kategorie zuzuordnen. In einer kleinen Kommode mit vier Schubladen könnte zum Beispiel jeweils eine Schublade für alte Briefe und Grußkarten (Geburtstagsglückwünsche, Valentinskarten, Ansichtskarten etc.), Kunstwerke und Schulzeugnisse der Kinder, Fotos und Reiseandenken reserviert sein.

**Fangen Sie das Bild ein, trennen Sie sich vom Gegenstand**

Manch sentimentaler Kram nimmt womöglich mehr Platz in Anspruch, als er wert ist, vor allem wenn es sich dabei um Möbelstücke, Kleidung und verschiedenes Zubehör handelt. Fotografieren Sie alle Gegenstände, die einfach zu sperrig zum Aufheben sind, die Sie aber der Nachwelt „erhalten" wollen; dann sagen Sie den tatsächlichen Dingen liebevoll Adieu. Der einzige Nachteil besteht darin, dass Sie so womöglich am Ende Ihren Fotokrempel vergrößern.

Wenn Sie ein System haben, das Ihnen zur Aufbewahrung von Erinnerungsstücken dient, ist der springende Punkt, dass Sie einmal im Jahr oder alle sechs Monate ein *Gedenkritual* durchführen. Dann schauen Sie sich mindestens einen Nachmittag lang (oder welche Tageszeit Sie eben bevorzugen) liebevoll Ihren sentimentalen Kram an, entweder allein oder zusammen mit Ihrer Familie. Dafür eignet sich besonders die Urlaubszeit und/oder der Sommer. Dieses Gedenkritual soll es Ihnen erlauben, in Erinnerungen zu schwelgen, während Sie verjährte Erinnerungsstücke ausrangieren, wobei Sie wunderbar Platz für die Erinnerungsstücke des kommenden Jahres schaffen können. Konzentrieren Sie sich darauf, nur die besten und repräsentativsten Stücke aus dem vergangenen Jahr zu behalten. Wenn Sie sich von nicht genügend Stücken trennen können, rufen Sie sich ins Gedächtnis, dass Sie alle behalten können, wenn Sie das wirklich möchten, Sie dann aber zusehen müssen, wo Sie sie aufbewahren.

**Zeug zum Erinnern**

Bewahren Sie sentimentalen Kram, den Sie behalten wollen, in eigens dafür vorgesehenen „Erinnerungsschachteln" oder Schubladen auf. Durchforsten Sie regelmäßig den Inhalt. Dabei sollten zum einen glückliche Erinnerungen in Ihnen aufsteigen, aber Sie sollten dabei auch alles, was für Sie nicht mehr von besonderer Bedeutung ist, ohne Probleme aussortieren können. Ein Vorteil: Diese Vorgehensweise kann Ihnen dabei helfen, auch anderswo Krempel zu reduzieren.

## Zusammenfassung

- Bewahren Sie nur solche Gegenstände auf, die angenehme oder ergreifende Gefühle in Ihnen aufsteigen lassen; heben Sie nichts auf, durch das Sie sich gestresst oder aufgebracht fühlen (sofern Sie nicht rechtlich zur Aufbewahrung verpflichtet sind).
- Entscheiden Sie, wie viel Platz Sie der Aufbewahrung von Erinnerungsstücken widmen können.
- Behalten Sie die Gegenstände, die Ihnen ein gutes Gefühl verschaffen.
- Verschwenden Sie keine Zeit mit der Rechtfertigung, weshalb Sie etwas behalten möchten; wenn Sie sich dafür entscheiden, es zu behalten, legen Sie fest, wo Sie es lagern werden, und dann gehen Sie zum nächsten Gegenstand weiter.
- Manchmal müssen wir uns einen Schock versetzen, damit wir Entscheidungen treffen, die sich von unseren bisherigen unterscheiden.
- Pflegen Sie Ihre Systeme zur Aufbewahrung von Erinnerungsstücken, indem Sie regelmäßig „Gedenkrituale" abhalten. So können Sie sich an Ihren Erinnerungsstücken erfreuen, während Sie sie ausforsten und Platz schaffen für die Erinnerungsstücke des kommenden Jahres.

# Teil III

# Die Zukunft

## Kontrollieren Sie Ihre Krempelquote

# Kapitel 7

# Seien Sie bewusst wählerisch

*Beim Entrümpeln kommt es vor allem darauf an, dass man lernt, seine Entscheidungskraft zu gebrauchen, um Grenzen zu setzen. Weshalb? Wenn Sie Ihrem Krempel nicht Grenzen setzen, setzt der Krempel Ihnen Grenzen!*

**Überblick**

In diesem Kapitel erfahren Sie, wie Sie in Ihren Entrümpelungsprozessen gezielte Entscheidungen treffen. Wenn Sie wissen, wie man weise und gut auswählt, können Sie den Zustrom allen möglichen potenziellen Krempels begrenzen. Der Lernprozess, wie man beständig effektive Wahlentscheidungen trifft, verläuft in mehreren Schritten:

1. Prüfen Sie Ihren „Ja-Reflex"!
2. Geben Sie Ihre Erwerbshaltung auf!
3. Vertrauen Sie sich selbst!
4. Erkennen Sie Ihre definierenden Eigenschaften!

Kürzlich bekam ich Post, die mich laut auflachen ließ. Sie enthielt das Kreditkartenangebot eines Kaufhauses und verkündete fett gedruckt bereits auf dem Umschlag: „Sagen Sie Ja zu Mehr von allem!" Das ist genau das, was wir *nicht brauchen*, dachte ich – mehr von allem. Ich pfefferte den Brief in den Papierkorb. Aber diese unverschämte Aufforderung, „Ja" zu sagen, ließ mich darüber nachsinnen, wie natürlich und selbstverständlich es vielen Leuten erscheint, „Ja" zu hereinschneiendem Krempel zu sagen – anstatt bewusst „Nein" dazu zu sagen.

Ist aus der bewussten Entscheidung, „Ja" zu sagen, etwa ein Reflex geworden? Meinen Beobachtungen zufolge lautet die Antwort – ich mag es gar nicht sagen – Ja. Und ebendieser Ja-Reflex führt dazu, dass Sie ein Krempelopfer werden.

*In den ausgefeilten Konsumentenprofilen ähneln die Konsumenten immer mehr vorhersagbaren Maschinen – willig und bereit, bejahend zu reagieren, wenn nur der richtige psychologische Knopf gedrückt wird. „Es ist bestens bekannt, dass die Leute viel anfälliger für verführerische Appelle sind, wenn sie abgelenkt sind", erläutert Dan Gilbert, Psychologe an der Universität von Texas. „Wenn ich in der Werbung tätig bin, möchte ich, dass Sie in so vielen Situationen wie möglich einer (Über-)Fülle an Informationen ausgesetzt sind."*

Aus *Data Smog* von David Shenk

## Krempelopfer

Indem Sie sich darauf konditionieren lassen, dass Sie automatisch Ja sagen zu der anstürmenden Flut von Angeboten, Informationen, „Gratisgeschenken", Rabatten, Schnäppchen und allem möglichen Zeug, verwandeln Sie sich in ein Krempelopfer. Überlegen Sie, was ein Opfer ist: jemand, der keine Wahl hat. Wenn Sie also freiwillig (jedoch unbewusst) Ihre Entscheidungsbefugnis aufgeben, werden Sie zum Opfer. Jedes Mal, wenn Sie vorgeben, Sie könnten nicht Nein sagen oder sich ein Krempel verursachendes Angebot oder Ding nicht entgehen lassen, verschlimmern Sie noch Ihr Dasein als Opfer ... und lassen zu, dass diese „Krempelmissetäter" Sie noch fester in den Griff bekommen.

Deshalb bin ich davon überzeugt, dass das wichtigste Stück Krempel, von dem man sich trennen muss, das Wörtchen *nicht* in der Behauptung *Ich kann nicht* ist. Wenn ich Kunden dabei erwische, wie sie „Ich kann mich nicht davon trennen" sagen, antworte ich ihnen: „Doch, das können Sie sehr wohl. Wenn ich Ihnen eine Pistole an den Kopf hielte, könnten Sie jetzt sofort dieses Stück Krempel loswerden. Sie entscheiden sich einfach nicht dafür, sich davon zu trennen – noch nicht." Dann bitte ich sie, die ursprüngliche Äußerung neu zu formulieren und jetzt zu sagen: „Ich entscheide mich dafür, dieses Stück Krempel zu behalten" (oder: „Ich entscheide mich dafür, mich davon zu trennen" – wenn sie dazu bereit sind).

Was passiert, wenn Sie sich entscheiden, tatsächlich eine Wahl zu treffen? Nun, Sie zeigen, dass Sie kompetent sind, zwischen

**Krempelopfer**

mehreren Möglichkeiten zu wählen. Und Sie lassen die Tür für andere Entscheidungen offen. Das bedeutet, Sie können sich von da an auch anders entscheiden. Sie *können* sich beispielsweise von einem Stück Krempel trennen, wann immer Sie wollen. Sie sind nicht länger ein Krempelopfer, wenn Sie Ihre Entscheidungsbefugnis für sich in Anspruch nehmen.

**Warum *können* Sie *nicht*?**

Üben Sie es, bewusst wahrzunehmen, wie oft Sie behaupten, Sie könnten nicht „Nein" sagen oder sich von etwas trennen. Wenn Sie sich dabei ertappen, verändern Sie „Ich kann nicht" in „Ich entscheide mich dafür, es nicht zu tun" – oder in „Ich kann es". Vergessen Sie nicht: *Ich kann nicht* ist ein Eingeständnis der eigenen Niederlage; es zeigt, dass Sie keine Verantwortung für Ihre Entscheidungen übernehmen wollen und können.

## Angst vor dem Nein

Aber was, wenn Sie Angst davor haben, Nein zu sagen ... Angst, Sie könnten etwas Lohnendes verpassen ... Angst, Sie könnten eine wertvolle Gelegenheit versäumen, Geld zu sparen, etwas gratis zu bekommen oder, oder ...

Schauen wir uns einmal an, wovor Sie wirklich Angst haben.

In dem Prozess, durch den Krempel entsteht, ist die Angst, etwas nicht zu bekommen und dies dann zu bedauern, identisch mit der Angst, sich von etwas zu trennen und dies dann zu bereuen. (Schauen Sie sich in Kapitel 1 noch einmal die Vorschläge und Übungen zur Überwindung der Angst vor der Reue an.) Beide Formen der Angst vor dem Bedauern führen oft dazu, dass sich enorme Mengen an Krempel ansammeln.

Lesen Sie sich in der folgenden Checkliste in Ruhe die „Angebote" durch, die am häufigsten dazu führen, dass sich Krempel bei Ihnen anhäuft. Ich nenne sie als Verpflichtungen getarnte Angebote, weil sie alle in Ihnen das Gefühl der Verpflichtung wecken sollen, Sie müssten von ihnen „Gebrauch machen". Aber was, wenn Sie dadurch in Wirklichkeit ausgenutzt werden? Die Angebote sollen Ihnen im Grunde nur etwas Wertvolles entlocken. Üblicherweise Geld und Daten (indem Sie Ihre Kaufgewohnheiten preisgeben); Ihre Zeit, Ihr Platz und/oder Ihre Energie werden Ihnen auch geraubt, aber diese Dinge sind vielleicht niemandem außer Ihnen etwas wert.

Die Angebote sind immer sorgfältig formuliert, um Jagd zu machen auf Ihre Ängste, Ihnen könne etwas „entgehen" oder Sie könnten „versagen".

**Prüfen Sie Ihren „Ja"-Reflex**

Kreuzen Sie alle als Verpflichtungen getarnten Angebote an, zu denen Sie gewohnheitsmäßig Ja sagen. Auf die leeren Zeilen können Sie zusätzliche Punkte notieren.

___ Kilometerbonus von Fluglinien
___ Sonderangebote für „Stammkunden"
___ Kreditkartenangebote, die Ihnen „Punkte" für Flugkilometer und Stammkundenprogramme anbieten
___ Rabattmarken in Geschäften
___ Sonderangebote von Kaufhäusern, Lebensmittelgeschäften, Discountern und Versandhandelsgeschäften

___ Gutscheine
___ 2-für den-Preis-von-1-Angebote beim Pizzaservice oder in Lokalen
___ spezielle Sonderangebote oder Bonussysteme für Stammkunden
___ Handzettel mit Sonderangeboten
___ „Gratisgeschenke", die mit Kaufzwang verbunden sind (einschließlich Zeitschriftenabos und Reisen)
___ Kaffeefahrten mit Einkaufsshow
___ Eines kaufen, das zweite umsonst
___ ________________________________________
___ ________________________________________

Wenn Sie sich so wie die meisten Leute verhalten, haben Sie mindestens sechs der zwölf Arten von Angeboten auf der Liste angekreuzt. Jetzt fühlen Sie sich vielleicht in der Defensive, vielleicht sind Sie sogar aufgebracht angesichts der Vorstellung, dass Sie auf diese Angebote anders als mit einem kräftigen *Ja* reagieren sollen. Auch hier stehen Sie nicht allein. Es folgen die häufigsten Rechtfertigungen, die meine Klienten und Workshop-Teilnehmer routinemäßig vorbringen:

- Ich spare jedes Jahr viel Geld durch den Kauf von Lebensmitteln, die gerade im Sonderangebot sind.
- Dank meiner vielen zurückgelegten Flugkilometer bekomme ich Urlaubsfreiflüge.
- Ohne die 2-zum-Preis-von1-Gutscheine könnten wir nie essen gehen.
- Mein Lieblingskaufhaus schickt mir jedes Mal, wenn ich mit meiner Kundenkarte genügend Punkte angesammelt habe, eine Bescheinigung über einen Bonus von 40 Mark.
- Durch die Kaffeefahrten kommt man wenigstens ein bisschen herum.

Das sind alles begründete Rechtfertigungen, und ich kann mehrere davon auch nachvollziehen. Und ich schlage auf keinen Fall vor, dass Sie alle Angebote ausschlagen sollten. Ich rate allerdings davon ab, dass Sie automatisch Ja sagen, ohne die potenziellen

Krempelkonsequenzen zu bedenken. (Ist Ihnen zufällig ein Zusammenhang zwischen einem von Ihnen hier angekreuzten Angebot und dem Krempel, der sich mit schöner Regelmäßigkeit auf Ihrem Küchentisch oder der Arbeitsfläche anhäuft, aufgefallen?)

Es ist schwierig, sich von dieser „Ja"-Angewohnheit zu verabschieden, weil so viele Angebote wirklich lohnend erscheinen. Einige Angebote sind es sogar; es hängt lediglich davon ab, ob sie sich für Sie lohnen. Wie können Sie nun zwischen denen unterscheiden, die sich für Sie lohnen, und denen, die sich nicht für Sie lohnen? Schauen Sie sich die „Ja"-Reflexliste an und überlegen Sie mal, wie jedes angekreuzte Angebot Ihr Leben beeinflusst. Überwiegen die Vorteile langfristig gesehen die Nachteile – oder umgekehrt? Genauer gesagt, fällt es Ihnen leicht, die Angebote und die Vorteile zu nutzen, oder fühlen Sie sich von dem Gefühl, Sie könnten mit all dem Zeug besser auf dem Laufenden bleiben, wie erschlagen und belastet? Beispielsweise:

- Die Teilnahme an verschiedenen Bonusprogrammen schließt oft mit ein, dass Sie die dabei gewonnenen Punkte im Auge behalten müssen, um sicherzugehen, dass Sie nicht um Ihre angemessenen Belohnungen „betrogen" werden. Wenn Sie nicht regelmäßig die monatlichen Verlautbarungen überfliegen, neigen zudem sowohl der Papierkrempel als auch das Stressniveau dazu, anzusteigen. Und Sie müssen auch Fristen und Ablaufdaten im Auge behalten, damit Sie nicht Ihre angesammelten Kilometer, Punkte etc. „verschenken". Und vergessen Sie auch nicht den Zeitaufwand, den Sie für die Entscheidungsfindung investieren müssen, wie Sie die ganzen Kilometer und Bonuspunkte „ausgeben" wollen.
- Sonderangebote sind nur kurze Zeit gültig, manchmal nicht einmal eine Woche lang, und auch das nur, solange der Vorrat reicht.
- Gutscheine sind meist nur kurze Zeit gültig. Sie müssen also aufpassen, dass Sie den Gutschein innerhalb dieser Frist einlösen, das heißt, Sie brauchen dazu ein gewisses System. (Und was die Gutscheine ohne Ablaufdatum anbelangt, so erklärte mir einmal ein Kunde: „Wenn ein Gutschein nicht bis zu einem gewissen Datum eingelöst werden muss, heißt das, dass man ihn nie wegwerfen kann.")

**Wenn abgelaufen gut gelaufen bedeutet**

Warum fühlen Sie sich oft erleichtert, wenn Sie merken, dass ein Sonderangebot abgelaufen oder bereits ausverkauft ist, anstatt sich darüber zu ärgern? Weil Ihnen in diesem Fall die Zeit die Entscheidung abgenommen hat!

## Legen Sie bewusst eine Antikrempeleinstellung an den Tag

Wie können Sie lernen, auf Dauer Entscheidungen zu treffen, die Sie davon abhalten, Ihr Leben mit Krempel zu belasten? Zuerst müssen Sie Ihre grundsätzliche Einstellung zum Erwerb von Dingen ablegen.

Sie müssen unbedingt erkennen, dass Sie zwei wichtige Dinge ändern können, wodurch es Ihnen leichter fällt, sich von Krempel zu verabschieden: Ihre Einstellung und Ihre Angewohnheiten. Nichts davon lässt sich leicht ändern, aber vor allem kommt es auf die Veränderung Ihrer Einstellung an. Wenn Sie Ihre grundsätzliche Einstellung zu Krempel verändern, werden Sie nicht so viele Angewohnheiten ändern müssen. Wenn Sie erkennen, dass Sie viele der Dinge, die dauernd Ihr Leben belasten, nicht erwerben müssen, werden Sie weniger Zeug haben, das Sie herumjonglieren, sortieren, ordnen, lagern, versorgen, im Auge behalten, reparieren, warten müssen – was alles nicht allein Zeit erfordert, sondern auch „gute Angewohnheiten".

Der Umgang mit Krempel ist im Grunde hauptsächlich eine Frage der Einstellung. Um frei von „Krempelstress" zu sein, müssen Sie sich entweder von der Einstellung trennen, die Sie dazu verleitet, Krempel zu erwerben, oder von der Einstellung, auf Grund derer Sie sich unwohl fühlen, wenn Sie ihn behalten. (Wenn Sie unbedingt an dem Krempel festhalten müssen, akzeptieren Sie es und hören Sie auf, sich deshalb zu quälen!) Sich von Krempel zu trennen bedeutet nicht einfach, dass man sich von Sachen trennt; sondern überdies, dass man dem Drang zum Erwerben und Anhäufen widersteht. Betrachten Sie es von dieser Seite. Wenn Sie den Rat aus Kapitel 5 befolgen und sich pro Tag von einer Einheit Krempel befreien, aber weiterhin mindestens zwei neue Einheiten Krempel pro Tag heranschaffen, werden Sie nicht so bald Ergebnisse feststellen.

Gewöhnen Sie es sich an, bewusst auszuwählen, um den Krempelzustrom zu begrenzen. Dabei kommt es ganz entscheidend darauf an, dass Sie lernen, wie Sie sich Grenzen setzen. Fangen Sie an, Grenzen zu ziehen, indem Sie Nein sagen zu Dingen, Angeboten, Aktivitäten und Leuten, die Ihr Geld, Ihre Zeit, Mühen und Energie auf eine belastende Art und Weise in Anspruch nehmen. Das Wort *Nein* ist das wirksamste Zeitmanagementhilfsmittel, das je erfunden wurde. Arbeiten Sie also daran, täglich Nein zu sagen zu hereinströmendem Krempel aller Art, und Sie können anfangen, Ja zu sagen zu dem, was Sie wirklich verwenden können.

Und so können Sie es sich angewöhnen, sich bewusst für die Begrenzung Ihrer Krempelquote zu entscheiden. Sofern Sie kein Eremit sind, bieten sich Ihnen wahrscheinlich jeden Tag etliche Möglichkeiten, die folgenden Aktivitäten einzuüben. Denken Sie daran: Sie können dadurch nichts verlieren – mit Ausnahme Ihres Krempels.

*In Amerika besitzen heute mehr Menschen als irgendwo sonst auf der Welt das Privileg, zwischen einem einfachen und einem komplizierten Leben zu wählen. Und die meisten von uns, die wir Einfachheit wählen könnten, wählen die Kompliziertheit.*
Anne Morrow Lindbergh in *Gift from the Sea*
(*Muscheln aus meiner Hand*, Piper, S. 27)

*Sechs Aktivitäten, die Ihnen helfen, sich für die Krempelbewältigung zu entscheiden*

1. **Seien Sie achtsam.** Nutzen Sie jede Gelegenheit zu einer bewussten Entscheidung, wenn sie sich Ihnen zeigt. Achtsam sein heißt: Schützen Sie sich davor, etwas Schlechtes zu wählen; potenzieller Krempel lauert möglicherweise sogar hinter absolut harmlos scheinenden Angeboten und Anfragen. Halten Sie eine Kopie Ihrer Checkliste Ja-Reflex griffbereit und nehmen Sie dort Ergänzungen vor, wenn neue Krempelangebote auftauchen.

2. **Hinterfragen Sie.** Hinterfragen Sie den Wert von Dingen, die Ihnen als „gratis", „wichtig", „wertvoll" oder mit anderen höchst subjektiven Begriffen angepriesen werden. Ist etwas beispielsweise wirklich gratis, wenn es Sie Zeit und Energie kostet? Wie wichtig ist es eigentlich? Was ist der wahre Wert eines vermeintlich wertvollen Angebots oder Gegenstands? Fragen Sie sich: „Ginge es mir besser, wenn ich von diesem Angebot nie erfahren hätte?"
3. **Warten Sie ab.** Lassen Sie sich nicht zu einer Entscheidung drängen; die meisten Entscheidungen können warten. Verfahren Sie nach dieser Samurai-Philosophie: „Enthalte dich, bis du antworten kannst, statt übereilt zu reagieren." Wenn Sie beispielsweise mit einem „Superschnäppchen – jetzt kaufen und sparen!"-Angebot für etwas, das Sie nicht dringend brauchen, konfrontiert werden, könnten Sie sich sagen: „Ich warte noch mit dem Kauf, weil der Preis vielleicht noch einmal gesenkt wird", statt zu reagieren: „Ich kaufe das jetzt wohl besser, ehe es wieder teurer wird."
4. **Zollen Sie sich Anerkennung.** Erkennen Sie an, dass Sie eine bewusste Entscheidung treffen, indem Sie sagen: „Ich entscheide mich für ...". Sie verfügen über mehr Macht, wenn Sie eine Wahl treffen, als wenn Sie den Umständen oder anderen Menschen erlauben, eine Wahl für Sie zu treffen. Vergrößern Sie Ihre Macht, indem Sie sich daran erinnern, dass Sie dazu fähig sind, gute und richtige Entscheidungen zu fällen, und zollen Sie sich Anerkennung für all die Situationen, in denen Sie sich gut und richtig entschieden haben.
5. **Folgen Sie Ihrem Instinkt.** Achten Sie auf Ihren Instinkt; es lohnt sich stets, sich von seinem Gefühl aus dem Bauch heraus leiten zu lassen. Lassen Sie sich von Ihrer inneren Stimme bei der Entscheidung helfen, was am besten für Sie ist. Je mehr Sie Ihrem Instinkt folgen, umso besser werden Sie jene innere Stimme hören können.
6. **Vertrauen Sie.** Vertrauen Sie darauf, dass Sie stets die bestmögliche Wahl getroffen haben und treffen werden. Lassen Sie die Entscheidung los und bewegen Sie sich weiter. Dieses Vertrauen befähigt Sie dazu, vergangene Entscheidungen loszulassen, statt den nicht beschrittenen Weg zu bedauern. Es erlaubt Ihnen, sich zuversichtlich vorwärts zu bewegen. Es be-

freit Sie davon, dass Sie sich ständig fragen „was wäre, wenn" und sich geistig mit „ich hätte sollen" quälen.

Von den sechs Aktivitäten ist vielleicht das Vertrauen am wichtigsten – und am schwersten in die Praxis umzusetzen. Es ist hilfreich, sich die Gründe dafür klar zu machen.

Meinen Beobachtungen zufolge scheint die Mehrheit der Leute, die keinen Krempel haben, darauf zu vertrauen, dass sie gute Entscheidungen treffen, wohingegen die meisten Menschen, die mit Krempel zu kämpfen haben, eher *hoffen*, dass sie sich gut entscheiden. Es liegt in der Natur des Menschen zu hoffen; und Hoffnung kann Ihnen durchaus helfen, schwierige Zeiten durchzustehen. Aber das Problem mit der Hoffnung besteht darin, dass sie Raum lässt für Unsicherheit und Unentschlossenheit und die Türen öffnet, durch die der Krempel hereinmarschieren kann. Der Krempel fragt: „Was, wenn du das wegschmeißt und dann merkst, dass du es brauchst?" Die Unsicherheit erwidert: „Ich sollte es wohl besser behalten." Der Krempel ermuntert: „Was, wenn du dieses Angebot nicht nutzt und dir so eine einmalige Gelegenheit entgeht?" Die Unentschlossenheit antwortet: „Vielleicht sollte ich mir das noch mal durch den Kopf gehen lassen; ich vertage es erst einmal."

Vertrauen hingegen lässt Sie auf diese Fragen mit „Na und!" antworten und „Geh weg!" sagen, wenn der Krempel bei Ihnen anklopft. Wenn Sie darauf vertrauen, dass Sie immer das Beste aus den Folgen Ihrer Entscheidungen werden machen können, können Sie sich der Gegenwart erfreuen und optimistisch in die Zukunft blicken, ohne dass die Vergangenheit Sie belastet. Sie müssen nicht hoffen, dass die Dinge sich als richtig erweisen werden, weil Sie *wissen*, dass sie es tun werden. Aber wie wissen Sie das? Weil Sie es sich als Verdienst anrechnen, eine einfallsreiche und konsequente Person zu sein. Schließlich haben Sie es irgendwie geschafft, im Leben voranzukommen. Sie haben wahrscheinlich eine Vielzahl an Hindernissen, Rückschlägen, vielleicht sogar richtiggehenden Desastern oder Tragödien überstanden, und es gibt Sie noch immer.

Vielleicht denken Sie: „Aber ich habe ein paar sehr schlechte Entscheidungen in meinem Leben gefällt." Das macht nichts. Das haben die meisten von uns irgendwann. Darauf kommt es nicht an. Solange es noch nicht möglich ist, durch die Zeit zu reisen, können wir nicht zurückgehen und unsere früheren Entscheidungen revidieren. Aber wir können unsere künftigen Entscheidungen beeinflussen. Fangen Sie also heute an, geben Sie sich bewusst Mühe, sich selbst zu vertrauen, dass Sie von nun an weisere Entscheidungen treffen.

## Wie man mit Erfolg wählerisch ist

Wie können Sie darauf vertrauen, dass Sie wirksame krempelbeschränkende Entscheidungen treffen, wenn Ihre Lebensgeschichte beweist, dass Sie Krempel wie ein Magnet anziehen? Die Antwort finden Sie, wenn Sie die Dinge prüfen, die Sie erworben haben und die kein Krempel sind: die Gegenstände, die Ihnen gefallen und die Sie tatsächlich verwenden, die Ihnen das Leben erleichtern oder es erfreulicher gestalten. Indem Sie bei allem, mit dem Sie zurechtkommen, das erkennen, was ich *definierende Eigenschaften* nenne, erhöhen Sie Ihre Entscheidungskompetenz.

Nehmen wir beispielsweise Kleidung. Wenn Sie häufig die Klage „zu viele Klamotten, aber nichts anzuziehen" anstimmen, gehen Sie an Ihren Schrank (oder wo immer Sie Ihre Kleidung aufbewahren) und holen nur die Stücke heraus, die Sie tatsächlich regelmäßig bzw. bei besonderen Anlässen tragen. Was sind die besonderen Eigenschaften, die sie gemeinsam haben und die Sie veranlassen, immer wieder nach ihnen zu greifen? Es ist an der Zeit, genau herauszufinden, *warum* Sie sich anscheinend in dieser Kleidung so wohl fühlen, damit Sie es beim nächsten Klamottenkauf vermeiden können, Dinge auszusuchen, denen die definierenden Eigenschaften, die Sie an Kleidung lieben, fehlen. Wenn Sie diese Eigenschaften genau kennen, können Sie leichter die Auswahlmöglichkeiten reduzieren und letztlich die Entscheidungen treffen, mit denen Sie glücklich sind.

*Eleganz bedeutet Zurückweisung.*
Diana Vreeland

Ich möchte Ihnen eine meiner bevorzugten definierenden Eigenschaften mitteilen, um Ihnen eine Vorstellung davon zu vermitteln, wie diese Methode funktioniert. Vor Jahren entschloss ich mich, auf die Merkmale bewusst zu achten, die mir beim Kleiderkauf wirklich wichtig sind. Ich stellte unter anderem fest, dass ich alle Kleidungsstücke ohne Taschen zu tragen vermied, selbst wenn mir sonst alles an ihnen gefiel – Farbe, Schnitt, Material, Stil etc. Es waren die Taschen, die sich als meine wichtigste definierende Eigenschaft entpuppten. Wenn ich jetzt einkaufen gehe (was selten der Fall ist), ziehe ich es nicht einmal in Erwägung, irgendein taschenloses Teil anzuprobieren, weil ich von vorneherein weiß, dass ich es nie tragen würde. Und da viele Kleidungsstücke für Frauen keine richtigen Taschen haben – obwohl manche seltsamerweise Taschenattrappen aufweisen –, sind meine *Auswahlmöglichkeiten* automatisch begrenzt.

Die Identifikation dieser einen definierenden Eigenschaft hat mir seither Zeit, Geld und natürlich auch Krempel erspart. Mit den Jahren habe ich meine definierenden Eigenschaften in Bezug auf die Taschen noch weiter spezifiziert, so dass es jetzt nicht mehr jede beliebige Tasche tut. Ich bin mittlerweile auf einer Ebene der Taschenpingeligkeit angelangt, die es mir nur gestattet, Kleidung mit bestimmten Arten von Taschen in Betracht zu ziehen, die meinen strengen Anforderungen genügen. Und die Taschen sind übrigens nur eine von Dutzenden definierender Eigenschaften, die ich für mich erkannt habe.

Indem Sie auch weiterhin Ihre definierenden Eigenschaften festlegen und verfeinern, verringern Sie Schritt für Schritt Ihr Bedürfnis, alles Mögliche zu erwerben. Je länger Ihre Liste mit Ihren Anforderungen, umso wählerischer sind Sie – und umso weniger Krempel haben Sie letztlich.

Das Arbeitsblatt soll Ihnen dabei helfen, die definierenden Eigenschaften festzulegen, die Ihnen helfen, Krempel zu reduzieren. Heben Sie das Beste auf und trennen Sie sich vom Rest. Und zwar folgendermaßen:

### Anweisungen zum Arbeitsblatt „Definierende Eigenschaften“

1. Planen Sie ein, dass Sie ungefähr 90 Minuten für diese Übung brauchen.
2. Lesen Sie sich noch einmal Ihre Checkliste Krempelkategorien in Kapitel 2 durch, um sich die Dinge ins Gedächtnis zu rufen, die bei Ihnen den meisten Krempel in den Kategorien Vorräte, Haushalt, Kleidung und Accessoires verursachen.
3. In der linken Spalte des Arbeitsblattes listen Sie die fünf wichtigsten Gegenstände auf, die bei Ihnen Krempel in den

unter 2. genannten Kategorien verursachen (z. B. Kleidung, Schuhe, Bettwäsche/Handtücher, Geschenkpapier/Bänder, Videos).

4. Diese fünf Gegenstände stellen Ihre absoluten Favoriten dar. Favoriten sind die Dinge, die Sie am häufigsten verwenden, oder diejenigen, die Ihnen so sehr gefallen, dass Sie sie nur selten verwenden, damit sie sich nicht so „abnutzen".
5. Konzentrieren Sie sich auf jeweils einen Favoriten und versuchen Sie herauszufinden, weshalb Sie ihn so mögen: Was sind seine definierenden Eigenschaften – die speziellen Eigenschaften, dank derer er so wertvoll für Sie ist und die Sie auch gerne an allen anderen Gegenständen seines Typs sehen würden? (Schauen Sie sich als Anregung das Muster-Arbeitsblatt an.) Dann listen Sie diese Elemente in der rechten Spalte auf. Benennen Sie sie so detailliert wie möglich. Wenn Ihnen der Platz ausgeht, schreiben Sie auf einem separaten Blatt weiter.
6. Verwenden Sie die definierenden Eigenschaften als Hilfe, um höchst wählerisch zu sein, wenn Sie Ersatzgegenstände einkaufen, und als Kriterium bei der Auswahl, welche Dinge Sie behalten oder entsorgen wollen. (Trennen Sie sich von allen Gegenständen, denen irgendeine der definierenden Eigenschaften fehlt.)
7. Strengen Sie sich bewusst an, die definierenden Eigenschaften bei allen weiteren Gegenständen zu erkennen, bei denen Sie gerne wählerischer wären.

**Muster für definierende Eigenschaften**

Diese Beispiele sollen nicht als Modelle verwendet werden. Sie sollen Ihnen lediglich exemplarisch zeigen, wie diese Methode funktioniert.

| *Gegenstände:* | *Definierende Eigenschaften:* |
|---|---|
| 1. Hosen, Röcke, Kostüme | Taschen, ohne Gürtelschnallen, gediegene Farben, keine hellen Farben; Wollmischungen oder Baumwolle, Strick oder Twill |

| | | |
|---|---|---|
| 2. | Schuhe | maximal 5 Zentimeter hoher Absatz; keine Stöckelschuhe; Glattleder; kein Wildleder; gutes Fußbett; müssen bequem sein |
| 3. | Bettwäsche/ Handtücher | gute Qualität; weiß oder pastellfarben, nicht gemustert; reine Baumwolle; keine Synthetiks |
| 4. | Geschenkpapier/Bänder | für alle Anlässe; kein Design für bestimmte Anlässe; Geschenktaschen oder Papierbögen; keine Geschenkpapierrollen; schillernd oder durchsichtig; nicht dunkel |
| 5. | Videos | unter zwei Stunden; Komödien, Liebesfilme; Klassiker; ausländische Filme mit Untertitel, nicht synchronisiert |

**Arbeitsblatt „Definierende Eigenschaften"**

| *Gegenstände:* | *Definierende Eigenschaften:* |
|---|---|
| 1. ____________ | ______________________________ |
| | ______________________________ |
| 2. ____________ | ______________________________ |
| | ______________________________ |
| 3. ____________ | ______________________________ |
| | ______________________________ |
| 4. ____________ | ______________________________ |
| | ______________________________ |
| 5. ____________ | ______________________________ |
| | ______________________________ |

**Verfeinern Sie Ihren „Abwehr"-Reflex**

Haben Sie sich schon einmal gefragt, warum Sie etwas nicht anziehen, obwohl es „Ihre" Farbe hat oder aus Ihrem bevorzugten Material besteht? Vielleicht liegt es daran, dass das Kleidungsstück nicht genügend Ihrer definierenden Eigenschaften aufweist.

Oft sind Schränke voll mit Kleidern, die aus einem oder mehreren der folgenden anscheinend guten Gründe gekauft wurden:

- Im Ausverkauf erhältlich
- Hübsche Farbe
- Gutes Material
- Sitzt gut
- Designerware

Wenn Sie erst einmal Ihre definierenden Eigenschaften identifiziert und verfeinert haben, machen Sie wahrscheinlich seltener den Fehler, Dinge aus einem dieser Gründe zu kaufen. Das konkrete Wissen, was genau Sie überhaupt kaufen wollen, hilft Ihnen, Ihren Ja-Reflex in einen Abwehr-Reflex zu verwandeln.

Lernen Sie sich selbst immer besser kennen: Indem Sie genau untersuchen, welche Dinge für Sie am besten sind, lernen Sie, wie Sie es vermeiden können, potenziellen Krempel zu erwerben.

## Seien Sie wählerisch ... und stolz darauf

Je wählerischer Sie werden, umso weniger Krempel schaffen Sie sich letztlich an. Üben Sie sich darin, ihn abzuwehren, ehe er Ihnen nahe genug kommen kann, um an Ihnen kleben zu bleiben. Lassen Sie ihn nicht über Ihre Türschwelle. Denken Sie daran: Heikel, wählerisch, kritisch oder (wie manche Sie vielleicht charakterisieren) mäkelig zu sein eignet sich hervorragend, Ihre Anziehungskraft auf Krempel zu reduzieren.

Wählerisch zu werden zwingt Sie dazu, neu zu definieren, was es heißt, etwas zu *vergeuden*. Wie die Wörter *kann nicht, sollte, gratis* und *wertvoll* ist *vergeuden* ein Krempel anziehendes Wort, das – wenn man es nicht hinterfragt – sich als gefährlich herausstellen kann. Das „Nichts-vergeuden"-Syndrom führt dazu, dass sich viel zu viel Krempel ansammelt. Es stellt sich die Frage, wieso die Umwandlung Ihrer Wohnung in eine Müllhalde eine geringere Verschwendung sein soll, als den Krempel tatsächlich auf den Müll zu bringen. Es handelt sich um dieselbe Argumentation, die besagt, dass man immer den Teller leer essen sollte, auch wenn man bereits vollkommen satt ist, weil es „Verschwendung" wäre, Essensreste wegzuwerfen. (Schon als Kind fand ich dieses Argument unlogisch.)

So wie vorsichtige Esser selten zu dick werden, sammeln wählerische Konsumenten selten zu viel Krempel an. Nutzen Sie also Ihren Entscheidungswillen als Schutzschild gegen zu viel Kram.

*Derjenige, der weiß, dass genug genug ist,*
*wird immer genug haben.*
Laotse

**Der Fluss ohne Wiederkehr**

Visualisieren Sie einen endlos dahinströmenden Fluss. Stellen Sie sich vor, dass er aus einer unendlichen Menge an Informationen, Möglichkeiten und Gegenständen besteht. Stellen Sie sich vor, wie Sie in Ihrem individuellen Rhythmus in diesen Fluss greifen, wann immer Sie sich dazu entscheiden, wann immer Sie durstig sind. Sie werden einen Teelöffel, ein Glas oder eine Tasse verwenden, aber keinen Eimer – schließlich versuchen Sie nicht, ihn zu leeren. Das wäre auch unmöglich.

Sie wissen, dass dieser Fluss niemals austrocknen wird, also können Sie ganz entspannt sein. Ihnen wird überhaupt nichts entgehen; es werden immer Sachen vorbeifließen. Und niemand wird Ihnen etwas wegschnappen oder zu viel herausnehmen.

Sie werden in diesem Fluss nicht ertrinken. Sie sind in Sicherheit. Lassen Sie ihn fließen, lassen Sie ihn vorbeiströmen.

## Zusammenfassung

- Das wichtigste Stück Krempel, von dem es sich zu verabschieden gilt, ist der Ausdruck „ich kann nicht".
- Sagen Sie nicht länger automatisch Ja zu Angeboten, die nur als Verpflichtungen getarnte Verführungen zum Kauf sind.

- Wenn Sie Ihr Leben entrümpeln wollen, müssen Sie vor allem zwei Dinge ändern: Ihre Einstellung und Ihre Angewohnheiten. Dabei ist die Einstellung der entscheidende Faktor.
- Voll Vertrauen zu sich selbst zu sein ist eine unschätzbare Hilfe, um krempelfrei zu bleiben.
- Wenn Sie es sich als Verdienst anrechnen, dass Sie entscheidungsbereit und -fähig sind, sind Sie nicht länger ein Krempelopfer.

# Kapitel 8

# Wie Sie mentalen Krempel in den Griff bekommen

*Wenn Sie sich von Krempel trennen wollen, ist es sehr wichtig, dass Sie lernen, Ihren Geist und Ihr Gedächtnis nicht mehr zu überfrachten. Warum? Weil ein krempelfreier Geist der Schlüssel zu einem krempelfreien Leben ist.*

**Überblick**

Dieses Kapitel beschreibt spezielle Hilfsmittel, mit denen Sie das meiste Zeug, das Ballast für Ihren Geist darstellt, in den Griff bekommen: Dinge, die erledigt werden müssen, Informationen, Sorgen und Unzufriedenheit. Mentaler Krempel ist nicht fassbar, aber er trägt oft zu fassbarem Krempel bei – und umgekehrt. Es gibt zwei Hauptquellen mentalen Krempels:

1. Zeug, an das man sich erinnern sollte
2. Zeug, das man vergessen sollte

Während einer meiner Workshops über Entrümpelungsstrategien meldete sich eine weißhaarige Frau mitten in einer Diskussion über Zu-erledigen-Listen zu Wort. „Ich habe das Geheimnis entdeckt, wie man zu innerem Frieden gelangt", verkündete sie kühn. Alle im Raum, einschließlich mir, wandten sich ihr zu und schauten sie erwartungsvoll an. (Hoffentlich fing sie jetzt nicht an, von einer Reise in einem Raumschiff zu erzählen.)

„Bitte, sagen Sie uns, wie", bat ich sie höflich.

„Nun ja", meinte sie, „ich bin 80 Jahre alt und habe anscheinend immer noch zu viel zu erledigen. Jedes Mal, wenn ich also jetzt an etwas denke, was ich tun sollte, zu dem ich aber wohl in diesem Leben nicht mehr kommen werde, ... setze ich es einfach auf meine Liste für mein nächstes Leben."

Ich musste zugeben, dass das eine tolle Idee war – vor allem, da keine Außerirdischen dabei vorkamen.

Ich kann nicht versprechen, dass eine Liste für Ihr nächstes Leben Ihnen zu innerem Frieden verhelfen wird, aber es könnte durchaus der Fall sein. Die Erstellung der verschiedenartigsten Listen kann eine effektive Art sein, mit dem Zeug umzugehen, das unser Gehirn stark belastet, indem es unser Gedächtnis überfrachtet und unser Urteilsvermögen umwölkt.

Ehe wir zu der schönen Kunst des Listenerstellens kommen, ist es jedoch hilfreich, sich grundlegendes Wissen über die Ursachen und Symptome mentalen Krempels anzueignen.

## Von Nicht-Fassbarem zum Fassbaren und umgekehrt

Es sind im Wesentlichen zwei Dinge, die zur Entstehung mentalen Krempels beitragen:

- Zeug, an das man sich erinnern sollte – Dinge, die man erledigen muss, und Informationen
- Zeug, das man vergessen sollte – Sorgen und Groll

Obwohl anscheinend nicht fassbar, können die beiden Ursachen für mentalen Krempel Sie entscheidend beeinflussen, die konkreteren Arten von Krempel, die wir bereits früher besprachen, anzuhäufen. Mentaler Krempel kann dazu führen:

- dass Sie vergessen, wohin Sie Dinge gelegt haben, und so schließlich mehr von dem kaufen, was Sie, wie Sie wissen, bereits „irgendwo" haben.
- dass Sie sich zu erschlagen fühlen, um Entscheidungen zu treffen, so dass Sie sich schließlich von Papierstapeln und Bergen von Gegenständen umgeben wiederfinden.
- dass Sie sich nur schwer konzentrieren können und sich deshalb immer wieder ablenken lassen.
- dass Sie von dem durchdringenden, unbehaglichen Gefühl geplagt werden, Sie hätten etwas vergessen, was Sie erledigen sollten.

Natürlich ist es auch möglich, dass Ihr fassbarer Krempel zu Ihrem mentalen Krempel beiträgt. Wie bei der Henne-oder-Ei-Frage kann

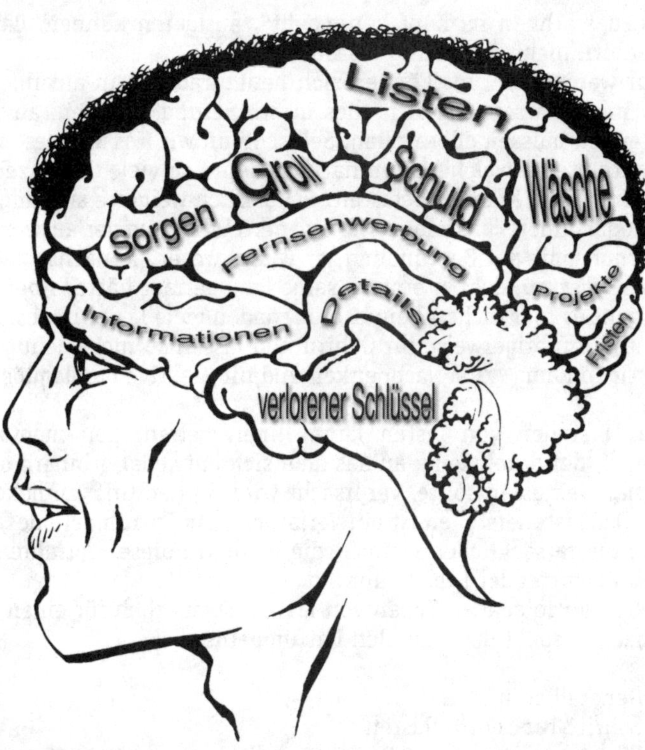


**Mentaler Krempel ⇒ Die beiden Dinge, die hauptsächlich zu mentalem Krempel führen: Zeug, an das man sich erinnern sollte, und Zeug, das man vergessen sollte**

man schwer sagen, was als Erstes da war, aber wie dem auch sei: So kann ein heimtückischer Krempelteufelskreis entstehen.

*Ordnung ist die Dienerin eines geordneten Geistes.*
Norm Crampton

## Listen wirken befreiend

Effektives Listenschreiben kann Ihnen helfen, diesen Kreislauf zu durchbrechen, indem es Ihnen eine Möglichkeit bietet, Ihren Geist zu entrümpeln. Eine Liste ist im Grunde ein Ort, an dem Sie das

Zeug, das „Ihnen im Kopf herumgeht", ausleeren können, damit Ihr Gehirn nicht übermäßig belastet wird.

Nur wenige von uns können sich heutzutage allein auf ihr Gedächtnis verlassen, um sich alles in Erinnerung zu rufen, an was sie denken müssen oder wollen. Selbst wenn wir uns an alles erinnern könnten – welchen Sinn hätte es denn, so viele Gehirnzellen mit derartigem Kram zu belasten? Schließlich weigerte sich angeblich sogar Albert Einstein, seine eigene Telefonnummer auswendig zu lernen, mit der Begründung, er wisse, wo er sie nachschlagen könne. (Wetten, dass er einfach seine Frau gefragt hätte? Aber darum geht es hier nicht.) Dennoch überladen viele Leute unabsichtlich und unnötigerweise ihr Gehirn und lassen so nicht genügend „geistigen Raum" zum Nachdenken und für kreative Problemlösungen.

Das Erstellen von Listen kann Ihnen helfen, den mentalen Krempel, der durch Zeug, an das man sich entweder erinnern oder das man vergessen sollte, verursacht wird, in den Griff zu bekommen. Das Listenerstellen ist ein Verfahren zum Entrümpeln des Gehirns; die tatsächlichen Listen – die Produkte dieses Verfahrens – sind Hilfsmittel der Lebensführung.

Jeder der folgenden Typen von Listen ist nützlich für einen bestimmten Aspekt des mentalen Entrümpelns:

- Generallisten
- Schritt-für-Schritt-Listen
- Wartungslisten
- Nicht-zu-erledigen-Listen
- Informationslisten
- Listen mit Pro und Contra
- Grolllisten
- Notfall-Mini-Listen

## Generallisten

Das Klagen über Zu-erledigen-Listen ist ein beliebter Zeitvertreib. Ich weiß auch, warum. Sehen Sie, in meinem Berufsfeld bekomme ich eine Menge Zu-erledigen-Listen zu sehen, weil meine Kunden mich oft um Rat fragen, wie sie ihre zu erledigenden Sachen auf die Reihe kriegen können. Mir ist ein häufig vorkommender Fehler bei der Art der Zusammenstellung dieser Listen aufgefallen.

Die typische Zu-erledigen-Liste umfasst gerne eine Vielzahl an unzusammenhängenden Ermahnungen, wie etwa:

1. Dankbriefe schreiben
2. Ablagesystem neu organisieren
3. Garage aufräumen

Nummer 4 könnte ebenso gut lauten: Neurochirurg werden.

Diese vier Punkte haben im Wesentlichen gemeinsam, dass sie alle nur wenige Worte umfassen. Diese Knappheit dient einem Zweck: Dadurch kann man große Projekte von einer Liste auf die andere übertragen, und zwar für immer und ewig – was genau das ist, was meistens passiert, weil diese Projekte dann selten erledigt werden. Und das ist der Hauptgrund, weshalb so viele Leute über ihre Zu-erledigen-Listen klagen.

Wenn Sie es leid sind, Ihre Mahnungen von einer Liste zur anderen zu bugsieren, empfehle ich Ihnen die Verwendung einer kategorisierten Generalliste, damit Sie nicht mehr in die missliche Lage geraten, all Ihre Projekte und Aufgaben, die eigentlich überhaupt nichts miteinander zu tun haben, auf einen Haufen – sprich eine Liste – zu schmeißen. Das Formular Generalliste, das Sie auf der folgenden Seite finden, hilft Ihnen vielleicht, überhaupt einmal zu beginnen, oder Sie können auch Ihre eigene maßgeschneiderte Version erfinden, wenn Ihnen das lieber ist. Der springende Punkt dabei ist, dass Sie es sich angewöhnen, alle Projekte, die auf eine ähnliche Art und Weise erledigt werden, zusammenzufassen, wodurch Sie leichter erkennen können, welche sich auf Wartung und Pflege beziehen und bei welchen es sich um Projekte handelt.

**Formular „Generalliste“**

| *Anrufe:* | *Korrespondenz/Senden an:* |
| --- | --- |
| ______________________ | ______________________ |
| ______________________ | ______________________ |
| ______________________ | ______________________ |
| *Projekte/Zu erledigen:* | *Besorgungen/Hingehen zu:* |
| ______________________ | ______________________ |
| ______________________ | ______________________ |
| ______________________ | ______________________ |

| *Bestellen/Beschaffen:* | *Verschiedenes:* |
| --- | --- |
| ______________________ | ______________________ |
| ______________________ | ______________________ |
| ______________________ | ______________________ |

## Schritt-für-Schritt-Listen

Als Nächstes gilt es, die Projekte, wie „Neuorganisation des Ablagesystems" und „Garage ausräumen", in kleinere Schritte aufzugliedern. (Wenn Sie übrigens wirklich planen, Ihr Ablagesystem neu zu organisieren, so finden Sie hierzu die Anleitung in Kapitel 4; und Kapitel 5 verrät Ihnen, wie Sie Ihre Garage entrümpeln können.) Das Vorgehen ähnelt dem bekannten Rätsel: Wie isst man einen Elefanten? Antwort: Bissen für Bissen. Durch das Zerlegen Ihrer größeren Aufgabe in häppchengroße Stücke kann fast jedes Projekt bearbeitet werden.

Leider erfordert das Verfahren des Schritt-für-Schritt-Auflistens meist Zeit, um die Projekte vom Anfang bis zum Schluss zu durchdenken. Und davor drücken sich die meisten Leute gerne. (Wie Thomas Alva Edison einmal schrieb: „Es gibt keinen Strohhalm, den ein Mensch nicht ergreifen würde, um die wirkliche Arbeit des Nachdenkens zu vermeiden.") Aber ebendas ist nun mal unabdingbar, wenn Sie Ergebnisse sehen und das Gefühl, etwas geleistet zu haben, spüren wollen, anstatt lediglich Sachen von einer Liste auf die nächste zu übertragen.

*Eine weitere Option:* Entrümpeln Sie Ihre Zu-erledigen-Liste, indem Sie entscheiden, welche Projekte Sie im Grunde genommen gar nicht bearbeiten müssen, und sie dann streichen.

Nachdem Sie die Schritte aufgelistet haben, schreiben Sie mit Bleistift den geschätzten Zeitaufwand neben jede Aufgabe oder jeden Projektschritt. Wenn Ihnen das Abschätzen der erforderlichen Zeit Schwierigkeiten bereitet, setzen Sie für den Anfang erst einmal „zwei Stunden" an; Sie können diese Angabe später immer noch ändern (schreiben Sie deshalb mit Bleistift). Entscheidend ist, dass Sie es sich angewöhnen, darüber nachzudenken, wie viel Zeit Sie veranschlagen müssen, um Ihre Aufgaben zu erledigen. Wenn Sie mit allen Ihren zu erledigenden Aufgaben so verfahren, werden Sie mit Ihren Listen viel besser klarkommen. Und weil der Sinn von Listen darin besteht, Sie als Gedächtnisstütze bei der Entrümpelung Ihres Geistes zu unterstützen, lohnt es sich, sich an diesen Rat zu erinnern.

*Aufs Denken verwandte Zeit*
*ist die größte Zeitersparnis überhaupt.*
Norman Cousins

## Checklisten für Wartung und Pflege

Wie Sie bereits gelesen haben, besteht das Leben zu 90 Prozent aus Wartung und Pflege oder der Bewältigung alltäglicher Dinge, was bedeutet, dass es viel zu viele zu erledigende triviale Wartungs- und Pflegepflichten gibt, an die Sie sich erinnern müssen. (Wenn Sie eine Gedächtnisstütze brauchen, weshalb dies zutrifft, schauen Sie sich noch einmal die Checkliste Wartung und Pflege in Kapitel 3 an.) All diese Aufgaben müssen zu oft erledigt werden, als dass Sie sie ständig auf Ihre Zu-erledigen-Listen oder in Ihr Zeitmanagementsystem schreiben würden; aber weil sie nicht auf Ihren Listen stehen, jonglieren Sie immer und ewig mit Dingen der Zu-tun-vergessen-Kategorie herum. Hier kann der mentale Krempel prächtig gedeihen.

Typische Beispiele aus dem realen Leben: Vielleicht beabsichtigen Sie, täglich Ihre Vitamintabletten zu nehmen, aber Sie vergessen dies fast ebenso oft, wie Sie sich daran erinnern. Oder vielleicht sollten Sie häufig bestimmte Zimmerpflanzen gießen, aber sie gehen immer ein, weil Sie nicht regelmäßig daran denken. Solche Gedächtnislücken können sowohl die Ursachen als auch die Symptome mentalen Krempels sein. Das führt dazu, dass Sie sich so fühlen, als hätten Sie dauernd erhöhte Temperatur, weil sie Ihr Wohlbefinden stören, indem sie Ihnen das ständige, nagende Gefühl vermitteln, Sie hätten etwas vergessen, was Sie „Ihres Wissens" tun müssten.

Aus diesem Grund empfehle ich Ihnen, dass Sie sich eigens auf Ihren Bedarf maßgeschneiderte Checklisten für Wartung und Pflege erstellen. Erstellen Sie also zuerst einmal eine Liste mit all den Dingen, die Sie oft zu tun vergessen. Wenn Sie sich nicht daran erinnern können, welche das sind, lesen Sie zur Anregung noch einmal die Checkliste „Haushalts-und Körperpflege“ in Kapitel 3 durch. Damit Sie erkennen, dass nichts zu banal ist, um auf Ihren persönlichen Checklisten zu stehen, folgen einige Dinge, die auf meinen Checklisten vermerkt sind:

____ Betten machen
____ Augenübungen machen
____ Vitamintabletten nehmen
____ Spazieren gehen/Sport treiben
____ Pflanzen gießen
____ Abfallkörbe ausleeren
____ Die Zähne mit Zahnseide behandeln

Vielleicht bezeichnen Sie dies als besessen, kleinlich, lächerlich oder was auch immer, aber die Ergebnisse sind es wert: Der Einsatz von Checklisten stellt sicher, dass in Ihrem Kopf fast nie mehr leise Stimmen ertönen und Ihnen sagen: „Du hast etwas vergessen.“ (Eine Art von Krempelgemurmel, mit dem manche Leute, wie sie mir sagten, täglich zu kämpfen haben.)

Denken Sie nun nicht fälschlicherweise, dass derlei Hilfsmittel Ihr Gedächtnis schwächen würden oder dass „schlaue Leute“ sich immer an alles ohne Gedächtniskrücken erinnern können müssten. Checklisten unterstützen Ihren „Denkapparat“, indem sie ihn unbelastet denken lassen, statt ihn mit Dingen, an die Sie sich erinnern müssen, zu belasten. (Denken Sie an Einstein.)

*Die wahre Gedächtniskunst*
*ist die Kunst der Aufmerksamkeit.*
Samuel Johnson

## Nicht-zu-erledigen-Liste

Wie meine Workshop-Teilnehmerin mit der „Liste für das nächste Leben“ so treffend erkannte, wird es immer mehr zu tun geben, als Sie je erledigen können. Indem Sie Dinge auflisten, von denen Sie wissen, dass Sie sie nie werden erledigen können, können Sie noch mehr mentalen Krempel abwerfen. Wenn Sie ein potenzielles Projekt aufschreiben, das Ihnen in den Sinn kommt, befreit Sie das von dem Gefühl, Sie müssten an diesem Einfall festhalten. (Übrigens empfiehlt es sich, jedes Mal, wenn Sie Ihre Ideen festhalten,

**Bewahren Sie sich Ihren Verstand**

Es ist schon wieder passiert. Sie können sich anscheinend nicht daran erinnern, wo Sie etwas, was Sie noch vor wenigen Augenblicken in der Hand hielten, hingelegt haben. Und trotz emsiger Suche konnten Sie es nicht finden. Aber ich wette, ich weiß, wo es ist: unter etwas drunter – unter einem größeren Gegenstand, den Sie, in Gedanken versunken, darauf gelegt haben.

*Tipp:* Legen Sie niemals – nicht einmal für eine Sekunde – einen größeren Gegenstand, wie eine Zeitung oder eine Jacke, auf einen kleineren Gegenstand wie Schlüssel oder Brille.

| *Größere Gegenstände* | *die oft diese* | *kleineren Gegenstände verbergen* |
|---|---|---|
| Zeitung oder Zeitschrift | verbirgt | Brille oder Schere |
| Jacke oder Pulli | verbirgt | Schlüssel oder Brieftasche |
| Notizheft oder Ringbuch | verbirgt | Diskette oder Taschenrechner |

Fassen Sie den Entschluss, sich fortwährend zu bemühen, sich dessen, was Sie tun, bewusst zu sein. Aufmerksamkeit lässt sich durch nichts ersetzen.

das Datum zu notieren, weil Ihnen dies beim nochmaligen Lesen Ihrer Liste einen gewissen zeitlichen Zusammenhang vermittelt.) Ob Sie es nun Liste für das nächste Leben oder – wie ich – Nicht-zu-erledigen-Liste nennen, hat auf die mentale Entrümpelungswirkung keinen Einfluss. Etwas aus Ihren Gedanken zu vertreiben, ist manchmal eine gute Möglichkeit, sich von übermäßigem Krempel zu trennen.

**Zu-erledigen oder Nicht-zu-erledigen – das ist die Frage**

Wenn Sie letztlich zu dem Schluss kommen, dass ein Nicht-zu-erledigen-Projekt eigentlich doch die Mühe wert ist, können Sie es immer noch in Ihre Generalliste übertragen – und umgekehrt.

## Informationslisten

Je mehr wir mit Informationen bombardiert werden, umso weniger sind wir letztlich fähig, sie in unseren ständig schwindenden Gedächtniszellen zu speichern. Der Versuch, sich an zu viele Telefonnummern, Adressen, Kontonummern etc. zu erinnern, kann das Gehirn mit Informationen überladen, die leicht anderswo gespeichert werden könnten. (Denken Sie wieder an Einstein.)

„Anderswo" kann so simpel sein, wie Ihre wichtigsten Informationen auf einer Liste von nur einer Seite zusammenzufassen. Dann können Sie die Liste auf einem Kopierer auf die Größe einer Karteikarte (oder wenigstens auf DIN-A5-Format) verkleinern, so dass sie in Ihre Brieftasche passt.

Nehmen Sie sich ein wenig Zeit – vielleicht eine Stunde –, um die Informationen, die Sie auf diese Liste schreiben wollen, auszuwählen und zusammenzustellen. (Im Idealfall erledigen Sie das am Computer, damit Sie die Informationen mühelos aktualisieren können.) Vielleicht möchten Sie sich auch eine zusätzliche Kopie in Ihrem feuerresistenten Dokumentensafe aufbewahren.

## Pro-und-Contra-Listen

Während die vorigen Typen von Listen sich damit beschäftigen, Aufgaben und Informationen in den Griff zu bekommen, ist die Pro-und-Contra-Liste deshalb einzigartig, weil sie dafür geschaffen ist, eine andere Krempelursache zu bekämpfen: Sorgen. Sich zu sorgen produziert schädliche Wolken mentalen Krempels, die es einem erschweren, Lösungen zu sehen und in der Spur zu bleiben. (Und sich über Ihren Krempel zu sorgen ist sehr effizient – Sie belasten sich gleichzeitig mit Fassbarem und Nichtfassbarem.)

Die Methode der Pro-und-Contra-Liste wurde ursprünglich 1772 von Benjamin Franklin beschrieben. In einem Brief, in dem er jemandem antwortete, der ihn um Rat gebeten hatte, wie man Probleme, ohne sich Sorgen zu machen, lösen könne, erklärte Franklin die Funktionsweise dieser Methode:

„(...) Meine Methode besteht darin, ein Blatt Papier in zwei Spalten zu gliedern; über die eine schreibe ich *Pro*, über die andere *Contra*. Während eines drei- oder viertägigen Prozesses, in dem ich nachdenke, notiere ich unter den verschiedenen Überschriften kurze Hinweise zu den verschiedenen Gründen, die mir zu unterschiedlichen Zeiten *für* oder *gegen* die Maßnahme einfallen. Wenn ich so alles auf einem Blick zusammen habe, versuche ich, sie zu gewichten, und wenn ich zwei (einen auf jeder Seite) finde, die einander gleich scheinen, streiche ich beide aus. Wenn ich einen Grund für ein *Pro* finde, der zwei Gründen für *Contra* gleichkommt, streiche ich die drei aus. Wenn ich zwei Gründe *Contra* gleichsetze mit drei *Pro*, streiche ich die fünf aus; und so fahre ich fort und finde heraus, wo das Gleichgewicht liegt."

Diese Übung ist effektiv, weil sie Sie dazu veranlasst, Ihre Gedanken so klar und kompakt zu ordnen, dass für Sorgen kaum mehr Platz bleibt. Franklin beobachtete:

„Wenn (...) schwierige Fälle auftauchen, sind sie hauptsächlich deshalb schwierig, weil die Gründe *Pro* und *Contra* nicht gleichzeitig in unserem Geiste präsent sind, während wir sie in Erwägung ziehen. Und so entsteht ein Gefühl der Unsicherheit."

Alles in allem ist dies eine überaus treffende Beschreibung des mentalen Krempels, der durch Sorgen verursacht wird. Manche Dinge ändern sich nie. Deshalb hat die Methode der Pro-und-Contra-Liste noch immer Gültigkeit. Probieren Sie sie das nächste Mal aus, wenn Sie sich dabei ertappen, wie Sie sich Sorgen machen, und Sie werden feststellen, wie gut sie funktioniert.

*Wenn ich auf all diese Sorgen zurückblicke, fällt mir die Geschichte des alten Mannes ein, der auf seinem Sterbebett sagte, dass er viele Probleme in seinem Leben gehabt hatte, von denen die meisten niemals eingetreten waren.*
Winston Churchill

## Grolllisten

Nach den Sorgen ist Groll eine ausgezeichnete Art, sich geistig zu belasten. Wenn Sie Probleme damit haben, sich von Beleidigungen, Ungerechtigkeiten und Fällen von Undankbarkeit zu trennen, tragen Sie womöglich eine Menge überflüssigen Ballast mit sich herum, dessen Sie sich nicht einmal bewusst sind.

Um sich Ihre Last zu erleichtern, schreiben Sie eine Liste all Ihren Grolls und Ihrer Verstimmungen (zusammen mit den Namen der Täter natürlich). Indem Sie diesen Krempel von Ihrem Gehirn auf ein Stück Papier herunterladen, kann mehr Raum für Ihre geistige Beweglichkeit entstehen; es kann auch ein wenig therapeutisch wirken. Sehen Sie, Sie müssen nicht verzeihen, wenn Sie noch nicht so weit sind, aber vielleicht können Sie vergessen (insbesondere wenn Sie alles für die Nachwelt aufgeschrieben haben).

**Wie man sich eine Last von der Seele nimmt**

Vielleicht erscheint Ihnen das Erstellen von Pro-und-Contra-Listen als zu mühevoll. Oder vielleicht meinen Sie, diese Methode sei nicht auf Ihre speziellen Sorgen anzuwenden. In diesem Fall notieren oder beschreiben Sie einfach die Sorgen, die Ihren Geist vollkrempeln. Der therapeutische Nutzen, der entsteht, wenn man seine Gedanken zu Papier bringt, ist wissenschaftlich dokumentiert.

Einem *Newsweek*-Artikel zufolge haben Studien ergeben, dass „kathartisches Schreiben" Bluthochdruck senken und die Zahl der krankheitsabwehrenden Lymphozyten im Blutkreislauf erhöhen kann. Der Artikel stellt fest, dass „selbst die am besten angepassten und gesündesten Menschen sich im Lauf eines Lebens emotionalen Ballast aufladen – seien es nun ... Konflikte mit Freunden oder Familienangehörigen oder Reue über Fehltritte und verpasste Gelegenheiten". Weiter heißt es darin, dass das Aufschreiben unserer Sorgen „uns dazu zwingt, die Grübeleien, die uns geistig belasten, in zusammenhängende Geschichten zu bringen".

*Es gibt Schlimmeres, als ein schlechtes Gedächtnis zu haben – etwa sich an Sachen zu erinnern, die man schon längst hätte vergessen sollen.*
Anonym

## Notfall-Minilisten

Wenn Ihr Gehirn sich allmählich überlastet fühlt, kann dies dazu führen, dass Sie sich „überwältigt und wie erschlagen" fühlen. Wenn Sie spüren, dass ein solcher Anfall naht, setzen Sie sich und atmen Sie ein paar Mal tief durch (das Ausatmen nicht vergessen). Dann erstellen Sie rasch eine kurze Liste mit Punkten, die Sie unbedingt innerhalb der nächsten Stunde erledigen müssen. Konzentrieren Sie sich nur auf Ihre dringlichsten Aufgaben. Dies hilft Ihnen, Ihren Geist ein wenig zu entlasten und ein Gefühl von Kontrolle zu gewinnen.

**Und der Listenkrempel?**

Vielleicht denken Sie jetzt: „Erzeugen diese ganzen Listen nicht noch mehr Krempel?" Nun ja, durchaus möglich, wenn Sie das zulassen. Aber das müssen Sie nicht. Legen Sie eine Hängeregisterablage „Listen und Checklisten" an (wie in Kapitel 4 beim Muster Ablageindex gezeigt). Legen Sie eine Mappe für Checklistenformulare und eine Mappe mit alten, ausgefüllten Listen an, die Sie als Erinnerungsstütze behalten und später wieder einsetzen wollen. (Sie müssen die letztere Mappe regelmäßig ausforsten und/oder archivieren, damit sie nicht zu umfangreich wird.)

## Zusammenfassung

- Nichtfassbarer Krempel kann zur Entstehung fassbaren Krempels führen – und umgekehrt.
- Das Erstellen von Listen ist sowohl ein Verfahren als auch ein Hilfsmittel, um mit mentalem Krempel umzugehen.
- Das Beschreiben größerer Projekte in nur drei Worten macht es leicht, sie ständig von Liste zu Liste zu schieben; damit sie von Ihren Listen verschwinden, müssen Sie sie zuerst in schrittweise zu erledigende Aufgaben zerlegen.
- Legen Sie nie einen größeren Gegenstand auf einen kleineren, nicht einmal für eine Sekunde.
- Bei Groll gilt: Wenn Sie nicht verzeihen können, vergessen Sie zumindest; so verringern Sie Ihre Belastung, die durch mentalen Krempel entsteht.

# Nachwort

## Noch mehr wichtige Fragen zum Thema Krempel und die Antworten darauf

Ich hoffe, dieses Buch hat Ihnen bereits jetzt alle Methoden gezeigt und alle Motivation vermittelt, die Sie jemals brauchen werden, um sich von Krempel zu trennen. Aber für den Fall, dass Sie noch immer nach weiteren Entrümpelungstipps, -hilfsmitteln und -techniken suchen, finden Sie im Folgenden fünf besonders häufig gestellte Fragen zum Thema Krempel und meine Antworten darauf.

Wenn Sie je weitere Fragen oder Vorschläge zum Thema Krempelbewältigung haben sollten, kontaktieren Sie mich bitte über meine Online-Ratgeberkolumne unter www.MiracleOrganizing.com oder schreiben Sie mir unter The Miracle Worker Organizing Service, PMB 199, 3368 Governor Drive, San Diego, CA 92122, USA.

### Bücher

Frage: Ich habe zig Kisten mit Büchern in der Garage – und keinen Platz, sie aufzustellen, aber es widerstrebt mir, sie auszusortieren. Was kann ich machen?

Antwort: Bücher sind Symbole für das, was wir gerne für unser Wissen halten. Das ist ein wesentlicher Grund, weshalb es vielen von uns so schwer fällt, sich von ihnen zu trennen. Aber schwer heißt nicht unmöglich, wenn Sie diese Schritte befolgen:

1. Entscheiden Sie, wie viel Platz Sie Ihren Büchern gerne widmen möchten und welche Bereiche das sein könnten.
2. Besorgen Sie sich Regale, die speziell für Bücher gedacht sind, nicht für Stereoanlagen oder Schnickschnack. Wenn die Regale zu tief sind, drapieren Sie zum Schluss alles mögliche Zeug vor den Büchern; zu viel Abstand zwischen den Regalbrettern führt leicht dazu, dass man anderen Krempel oben auf die Bücher legt.
3. Vergleichen Sie die Menge an Büchern, die Sie haben, mit dem Platz, den Sie für die Aufbewahrung von Büchern bereitge-

stellt haben; dann rechnen Sie anhand der Differenz zwischen beidem in etwa die Anzahl von Büchern aus, die Sie aussortieren müssen.

4. Mit diesem Ziel vor Augen machen Sie sich ans Ausforsten (nicht ans Schmökern!) und hören Sie nicht eher auf, bis Sie die angestrebte Zahl erreicht haben. (Beachten Sie bitte: Kapitel 4 und 5 bieten Ihnen brauchbare Ratschläge zum Ausforsten.)
5. Bei der Wartung und Pflege beziehen Sie Ihre örtliche Leihbücherei folgendermaßen ein: a) verschenken Sie überzählige Bücher für Bücherbasare; b) leihen Sie sich Bücher und Zeitschriften aus. Kaufen Sie sich nur diejenigen Bücher, die Sie entweder nicht in der Bücherei bekommen können oder die Sie nach dem Ausleihen gerne selbst besitzen möchten. Denken Sie auch an die Eingangs-Ausgangs-Bestandsregel. (Einzelheiten hierzu finden Sie in Kapitel 5.)

*Bücherregale muss man genauso oft jäten*
*wie einen Garten, und das Unkraut ist hier*
*nicht so eindeutig zu erkennen.*
Andy Rooney

## Gebrauchsanweisungen und Garantiescheine

Frage: Was kann ich mit den ganzen Gebrauchsanweisungen und Garantiescheinen machen, die ich immer in meine Küchenschubladen stopfe?

Antwort: Sortieren Sie zuerst diejenigen aus, die nicht länger gültig oder von Belang sind. (Gehen Sie dabei nach der in Kapitel 4 beschriebenen Aussortiermethode vor.) Mir ist aufgefallen, dass im Durchschnitt fast 50 Prozent dieser Art von Krempel aus überholten Materialien bestehen; aus Gebrauchsanleitungen für Dinge etwa, die man gar nicht mehr besitzt, und aus Garantiescheinen, die schon längst abgelaufen sind.

Wenn Sie erst einmal gründlich aussortiert haben, sind Sie bereit, das, was übrig geblieben ist, zu ordnen. Gebrauchsanweisungen und Garantiescheine gibt es in einer Vielzahl von Formaten, Größen und Stärken. Deshalb sind sie möglicherweise schwierig abzulegen. Ich empfehle Ihnen, Sie in Loseblattordnern mit von oben zu befüllenden Prospekthüllen aus Kunststoff aufzubewahren und sie mit Hilfe von Registerblättern und Reitern zu ordnen. Manche Gebrauchsanweisungen sind bereits gelocht; die Klarsichthüllen müssen Sie nur für die Gebrauchsanweisungen in ungewöhnlichen Größen sowie für Garantiescheine und die dazugehörigen Quittungen verwenden. Die Reiter können nach Kategorie oder Bereich beschriftet werden (z. B. Küche, Garage, Arbeitszimmer).

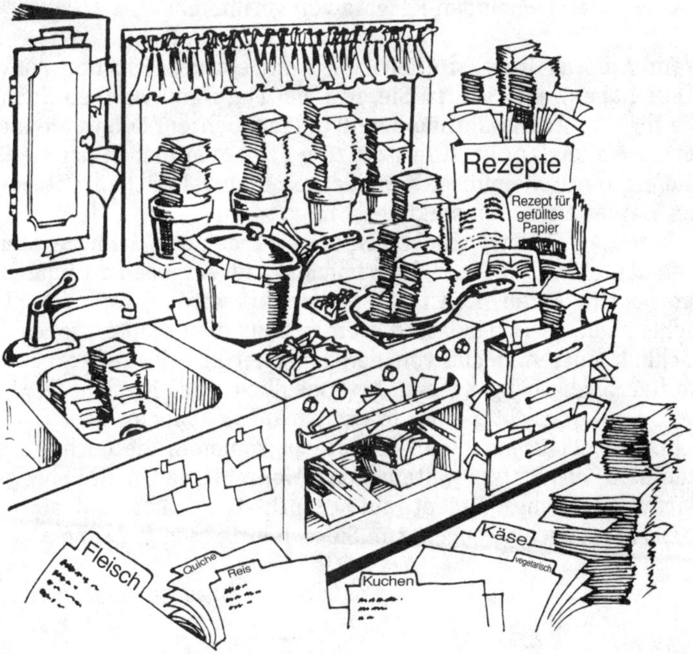


**Rezept für Krempel**

## Rezepte

Frage: Was soll ich mit den Stapeln, Schubladen und Schachteln voller Rezepte anfangen, die ich seit Jahren angesammelt habe (ich habe Hunderte davon)?

Antwort: Das hört sich so an, als hätten Sie ein Rezept für „Papierkrempel". Sie können die Rezepte aus der Versenkung holen, indem Sie zuerst Ihre definierenden Eigenschaften für Rezepte herausfinden (schlagen Sie hierzu Kapitel 7 nach). Eine meiner „Rezeptregeln" ist es beispielsweise, dass ich nur diejenigen aufhebe, für die höchstens fünf Zutaten erforderlich sind. (Ich habe offenbar keinerlei Ambitionen, eine Gourmetköchin zu werden.) Dadurch scheiden etwa 90 Prozent der bei mir eintrudelnden Rezepte von vornherein aus.

Wenn Sie erst Ihre Kriterien zum Sammeln von Rezepten aufgestellt haben, entscheiden Sie, wie viel Platz und welchen Bereich Sie für ihre Aufbewahrung bereitstellen möchten. Sofern Sie nicht Rezepte allein zur Lektüre statt zum Kochen aufheben, ist die Küche ein wahrscheinlicher Kandidat; eine Abstellfläche in der Nähe des Herdes ist oft am praktischsten.

Rezepte können wie Gebrauchsanweisungen und Garantiescheine ziemlich effektiv in Loseblattsammlern mit von oben zu füllenden Prospekthüllen aus Kunststoff aufbewahrt werden. Weil sich Klarsichthüllen abwischen lassen, werden dann die Rezepte, die Sie tatsächlich nutzen, nicht von den üblichen klebrigen Flecken und Spritzern, die beim Kochen unvermeidlich sind, beschmutzt. Und weil sie durchsichtig sind, braucht man nicht mehr die aus Zeitschriften herausgerissenen Rezepte zu kopieren, die noch auf der Rückseite des Blattes weitergehen. (Wenn Sie natürlich lieber Zeit damit vertun, diese Rezepte auf Rezeptkarten zu kopieren, statt sie tatsächlich nachzukochen, tun Sie sich bitte keinen Zwang an.)

*Das Leben ist zu kurz zum Pilzefüllen.*
Shirley Conran

## Ehegatten

Frage: Was sollte man denn mit dem Kram anderer Leute tun, der einem immer wieder in die Quere kommt, wie der nutzlose Krempel des Ehemannes?

Antwort: Das hängt vom Ehegatten und vom Krempel ab. Aber eine gute allgemein verbindliche Regel ist, einen Bereich zu schaffen, wo der schlampige Ehepartner sein Zeug abladen darf (oder wohin Sie es bringen dürfen, wenn er oder sie es irgendwo anders liegen gelassen hat). Mein Mann beispielsweise (auch bekannt als der unordentlichste Mensch auf der ganzen Welt) hat zu Hause ein kleines Arbeitszimmer, das er nach unserer Übereinkunft permanent als seine Müllhalde nutzen kann, solange er immer die Tür schließt. Die Räuberhöhle, wie wir es nennen, hat sich als richtiggehender Eheretter erwiesen; dadurch habe ich einen Ort, wo ich all den Krempel, den Henry sonstwo hinterlässt, abladen kann. Wenn die Räuberhöhle derart voller Krempel ist, dass er nicht mehr darin arbeiten kann (diese Situation scheint sich etwa zweimal im Jahr zu ergeben), räumt er zu seiner eigenen Zufriedenheit mehrere Stunden lang auf.

Wenn Sie keinen Raum zur Räuberhöhle bestimmen können, so nutzen Sie dazu einen Schrank oder auch nur eine Zimmerecke (stellen Sie einen Paravent als Raumteiler davor; Sie können ihn immer so anmalen, dass er wie ein aufgeräumtes Zimmer aussieht). Das Wichtigste ist, dass Sie möglichst realistisch abschätzen, ob Ihr Ehepartner sich wohl einmal ändern wird, deshalb sind Kommunikation und Kompromisse unabdingbar. Sie beide müssen sich auch unbedingt auf Regeln und Maßstäbe einigen; etwa, dass Sie sich darauf verständigen, Sachen des anderen ohne dessen Erlaubnis nicht wegzuwerfen.

*Die einzige Zeit, in der eine Frau*
*wirklich einen Mann beeinflussen kann,*
*ist dann, wenn er noch ein Baby ist.*
Natalie Wood

## Teenager

Frage: Was kann ich machen, um meiner halbwüchsigen Tochter beim Entrümpeln ihres Zimmers zu helfen?

Antwort: Identifizieren Sie zuerst ihre Aktivitätsbereiche. Sie braucht zum Beispiel wahrscheinlich Bereiche, um Hausaufgaben zu machen, Vorräte zu lagern und um Kleidung und Zubehör aufzubewahren. Lassen Sie sie die in

Kapitel 5 beschriebenen Entrümpelungsschritte machen, um überzählige Gegenstände aus jedem Bereich, der voll Krempel steckt, auszusortieren. Werfen Sie nicht ihre Sachen für sie weg. Etwas wegzuwerfen, ohne darüber zu reden, kann man als „unfreundlichen Akt" betrachten, was letztlich zu größerem Chaos in Ihrer Beziehung führen kann als der Krempel selbst.

Erleichtern Sie es ihr, Sachen halbwegs ordentlich aufzubewahren, indem Sie ein einfaches Kategorisierungssystem erstellen. Sie können sogar verschiedenfarbige Wäschekörbe verwenden, um Kleidung, Papierkram, Toilettenartikel oder jeglichen anderen Krempel zu sortieren.

# Anhang A

## Welche Unterlagen man wie lange aufbewahren sollte

Den Finanzbehörden zufolge müssen Unterlagen und Belege wie Quittungen, eingelöste Schecks und andere Dokumente, die steuerrechtlich irgendeine Art von Einkommen oder eine Ausgabe belegen, so lange aufgehoben werden, bis die Verjährungsfrist für den Einkommenssteuerbescheid abläuft. Im Allgemeinen beträgt diese Frist zehn Jahre von dem Datum der Fälligkeit oder der Ausstellung des Einkommenssteuerbescheides oder zwei Jahre vom Datum der Steuernachzahlung an. Es gibt jedoch keine Verjährungsfrist, wenn eine Steuererklärung falsch oder betrügerisch war oder wenn keine Steuererklärung eingereicht wurde. Nähere Einkünfte holen Sie sich bitte bei Ihrem Finanzamt ein.

Die folgende Liste soll Ihnen lediglich als Leitfaden dienen. Holen Sie sich bitte bei Ihrem Rechtsanwalt, Notar oder Steuerberater professionellen Rat ein.

| Unterlagenart | Dauer der Aufbewahrung |
|---|---|
| **Auto** | |
| Unfall | bis Ansprüche beglichen sind |
| Benzin- und Parkkosten | 3 Jahre für Steuerabzug |
| Versicherung | bis die Versicherung abläuft/Ansprüche beglichen sind |
| Kauf | bis zum Verkauf des Autos |
| Bezahlung | bis zum Verkauf des Autos |
| Anmeldung | bis zum Verkauf des Autos |
| Reparaturen | bis zum Verkauf des Autos |
| Kfz-Brief | bis zum Verkauf des Autos |
| Garantiescheine | bis die Garantie abläuft oder Ansprüche beglichen sind |
| **Bank** | |
| Ausdrucke beim Electronic Banking | bis zum Erhalt des endgültigen Kontoausdrucks |

| Unterlagenart | Dauer der Aufbewahrung |
|---|---|
| Scheckregister | 3 Jahre |
| Schecks | 3 Jahre, wenn steuerrelevant |
| Bankauszüge | 7 Jahre |
| Einzahlungsbelege | bis zur Bestätigung |
| Kontobuch | bis zur Kündigung des Kontos |
| Sparbuch | bis zur Kündigung des Kontos |
| **Rechnungen** | |
| Lastschriftenauszüge | 10 Jahre, wenn steuerlich relevant |
| Kreditbelege | bis bestätigt |
| Ratenzahlungen | bis Kredit zurückgezahlt ist |
| Hypotheken/Pacht | bis das Haus abbezahlt ist oder die Pacht ausläuft |
| Quittungen/Kassenzettel | 10 Jahre, wenn steuerlich relevant |
| **Korrespondenz** | |
| Rechtliche | für immer |
| Private | solange Sie wollen |
| **Zahnarzt/Kieferorthopäde** | |
| Rechnungen | 10 Jahre, wenn steuerlich relevant oder bis Ansprüche beglichen |
| Befunde | für immer |
| **Arbeitspapiere** | |
| Verträge | für immer |
| Korrespondenz | für immer |
| Lohnzettel | 10 Jahre |
| Zeugnisse | für immer |
| **Familienunterlagen** | |
| Geburtsurkunde | für immer |
| Zeugnisse der Kinder | bis zum Schulabschluss |
| Hochschuldiplome | für immer |
| Scheidungsurkunde | für immer |

| Unterlagenart | Dauer der Aufbewahrung |
|---|---|
| Geschworenendienste | bis zum nächsten Einsatz |
| Heiratsurkunde | für immer |
| Militärdienst | für immer |
| Einbürgerungsurkunde | für immer |
| Pass | bis zum Empfang des neu ausgestellten Passes |
| Papiere von Haustieren | während der Lebensdauer des Tieres |
| Sozialversicherungsunterlagen | für immer |
| Incentive-Reisen-Preis | bis zum Ende der Gültigkeitsdauer |
| Treuhandunterlagen | bis zum Ablauf oder bis zur Begleichung aller Ansprüche |
| Testament | bis zur Begleichung aller Ansprüche |
| **Finanzen** | |
| Jahreszinsen | bis Konto gekündigt wird |
| Schätzung | bis zum Verkauf |
| Depot | bis zur Auflösung |
| Einlagekontozertifikat | bis zur Kündigung des Kontos |
| Arbeitsunfähigkeitsvers. | bis Versicherung erlischt oder Ansprüche beglichen sind |
| Lebensversicherung | für immer |
| Genossenschaftsbank | bis Konto geschlossen wird |
| Unterlagen der Bundesversicherungsanstalten | für immer |
| Unterlagen der betrieblichen Altersversorgung | für immer |
| Aktienzertifikate, Bonds | bis zum Verkauf |
| **Steuern** | |
| Steuerbescheide | für immer |
| **Haushalt** | |
| Schätzung | bis zum Verkauf |
| Verkaufsvertrag | für immer |

| Unterlagenart | Dauer der Aufbewahrung |
|---|---|
| Kaufvertrag/Grundbucheintrag | für immer |
| Hausratsversicherung | bis zum Ablauf |
| Wertsteigernde Maßnahmen | bis zum Verkauf |
| Bestandsaufnahme der Wertgegenstände | für immer |
| Handbücher | während der Lebensdauer des Geräts |
| Reparaturen | 10 Jahre, wenn steuerlich relevant |
| Grundsteuern | bis zum Verkauf des Hauses |
| Gebäudeversicherung | bis zum Verkauf des Hauses |
| Gewährleistungen | bis zum Ablauf der Frist |
| **Medizinisches** | |
| Allergien | für immer |
| Rechnungen | 10 Jahre, wenn steuerlich relevant, oder bis Ansprüche beglichen |
| Krankenhausaufenthalte | für immer |
| Immunisierungsplan | für immer |
| Medikation | für immer |

# Anhang B

# Zusätzliche Hilfsmöglichkeiten für die Bewältigung von Krempel

## Bücher

Felton, Sandra/Jüntschke, Anita: *Endlich weg mit dem Ballast! Wege aus dem Messie-Chaos.* 64 Seiten, Paperback. Brendow, Moers 2000

Felton, Sandra: *Im Chaos bin ich Königin. Überlebenstraining im Alltag.* 180 Seiten, Paperback. Brendow, Moers, 3. Auflage 1996

Felton, Sandra: *Ohne Chaos geht es auch. Das ultimative Praxisbuch für Messies.* 160 Seiten, Paperback. Brendow, Moers 1996

Pohle, Rita: *Weg damit! Entrümpeln befreit.* 200 Seiten, Broschur. Hugendubel, München 2001

Ressel, Hildegard: *Was ich wirklich brauche. Inneren und äußeren Ballast abwerfen und wieder unbeschwert leben.* 192 Seiten, Paperback. Scherz, Bern 1998

## Beratung und Selbsthilfegruppen

*Anonyme Messies*
Gutenbergstraße 1, 47443 Moers
Telefon + Telefax: 0551/376985
Internet: www.anonymemessies.de

*Förderverein zur Erforschung des Messie-Syndroms (FEM) e. V.*
Tegerstraße 15, 32825 Blomberg
Telefon: 05236/888795, Telefax: 05236/888796
Internet: www.femmessies.de

Seit 1986 hilft Harriet Schechter mit ihren maßgeschneiderten Beratungsprogrammen und Workshops Einzelpersonen, Unternehmen und Wohltätigkeitsorganisationen dabei, organisierter zu werden und zu bleiben. 1988 begann sie, die Workshop-Reihe „Letting Go of Clutter" am Fortbildungsinstitut San Diego Learning Annex anzubieten, und diese Kurse waren schnell sehr beliebt und werden immer noch von ihr durchgeführt.

Harriet Schechter beantwortet Krempelfragen in ihrer Ratgeberkolumne unter The Miracle Worker's Webseite: www.MiracleOrganizing.com. Wenn Sie Informationen über ihre Beratungs- und Kursprogramme haben möchten, kontaktieren Sie sie bitte über ihre Web-Seite oder schreiben Sie ihr unter c/o The Miracle Worker Organizing Service, PMB 199, 3368 Governor Drive, San Diego, California 92122, USA.

Harriet Schechter bietet auch Kurse für Personen an, die professionelle Organisationsberater werden möchten. Informationen hierzu erhalten Sie über die Web-Seite oder auf dem Postweg unter der genannten Adresse; legen Sie dann bitte einen frankierten Rückumschlag bei.

# Stichwortverzeichnis

## V



## W



## Z